LE LIVRE DES PRENOMS

LE LIVRE DES PRENOMS

Chantecler

D-MCMXCII-0001-215
Imprimé en Belgique

Avant-propos

La création et l'utilisation des prénoms ont répondu à un besoin : celui de situer les gens dans leur milieu afin de mieux les différencier. Par rapport au nom de famille, le prénom a donc fait office de complément, voire de qualificatif.
Peu à peu, sur le plan administratif, sa nécessité est devenue évidente.
Jadis, grandes furent les possibilités de choix et nombreuses les origines. En Occident, les principales sources sont germaniques, latines, grecques, slaves ou hébraïques. Vous les retrouverez au fil des pages en regard des prénoms de base.
Devant la prolifération de prénoms païens, le 64e pape, Grégoire Ier dit "le Grand" recommanda vivement aux croyants de donner à leurs nouveau-nés un prénom de saint, de sainte, de bienheureux, de bienheureuse, de martyr ou d'apôtre. L'attrait pour les héros des romans de chevalerie resta néanmoins vif.
A la Renaissance, le retour vers l'Antiquité remit à l'honneur les Hercule, Ulysse, César, Hippolyte, Pénélope ou autres Cléopâtre (devenue Cléo !).
Au XVIe siècle, le concile de Trente, convoqué par le pape Paul III à la demande de Charles Quint, imposa le choix du prénom parmi les noms de saints et de saintes. Mais à la fin du XVIIIe siècle, la Révolution française libéra les parents de cette contrainte.
Aujourd'hui, la loi est encore restrictive. En principe, elle prévoit la seule utilisation des prénoms en usage dans les différents calendriers et ceux rendus célèbres par des personnages de l'histoire ancienne. Mais des "astuces" restent possibles...
Les mots d'une langue subissent des évolutions. Les prénoms n'ont pas échappé à la règle. Ainsi, depuis la fin de la guerre 40-45, une certaine mode privilégie les diminutifs et principalement les anglo-saxons. Nous ne les avons pas oubliés.
Quant aux significations, elles sont multiples. Les unes sont aisément repérables: Prudent, Sévère (des caractères humains); Colombe (nom d'oiseau); Violette, Iris, Marguerite, Rose (noms de fleurs)... D'autres sont plus obscures. Nous avons tenté de vous les présenter d'une façon plus claire.
De tout temps, les noms de héros et héroïnes ont influé sur les choix et les modes, qu'ils soient issus de la Bible, des mythologies, de l'histoire ou plus simplement du monde profane où les "vedettes" exercent une fascination sur certains esprits.
Il en fut ainsi pour Aude, la fiancée de Roland le Preux; pour Tristan, Iseult, Roméo, Juliette, Robin, Napoléon, Hélène, Joséphine, Jules, Louis...
En France, l'actrice Martine Carol, au temps de sa gloire, prêta son prénom à maintes petites filles. L'auréole cinématographique de Bardot multiplia les Brigitte.
Plus récemment, l'impact du sportif Merckx favorisa l'inscription de nombreux Eddy dans les registres d'état civil. Et que dire des Marie-Line promues Marylin avant et surtout après la disparition mystérieuse de la star Monroe ? Les John et Jackie "fleurirent" au temps des Kennedy...
Jean-Philippe Smet, mieux connu sous le nom de "Halliday", a popularisé Johnny tandis que sa femme lançait la mode des Sylvie.

Comme il se doit, chaque enfant se voit donc doté dès la naissance d'un prénom choisi par ses parents. Hier encore, maints fils recevaient le prénom du père ou du grand-père. Aujourd'hui, cette homonymie systématique prônée par le "clan" est plutôt rare.
Par contre, certaines familles préfèrent opter pour un prénom composé. Ce choix est souvent prémédité. En effet, cette adoption de deux prénoms permet à l'enfant en âge de raison d'émettre une préférence pour l'un ou pour l'autre. La plupart des prénoms composés le sont au départ de Marie et de Jean. On y trouve les classiques Jean-Marie ou Jean-Philippe et les Jean-Yves ou Jean-Antoine un peu moins courants. Aux Marie-Jeanne et Marie-Christine très répandues s'ajoutent des Marie-Eve ou Marie-Bénédicte moins fréquentes. Parmi d'autres prénoms composés, citons encore Louis-Philippe, Frantz-Richard, Paul-Henry, Julie-Christie, Anne-Aymone, Eve-Coralie... dont les résonances recueillent les faveurs de certaines familles.
En fait, dans ce domaine, tout est question de goût.
L'essentiel est d'éviter les "sonorités" fâcheuses. Pour un enfant, il serait regrettable de s'appeler Annie Croche ou Laurent Outan...
De plus, une référence voulue par admiration parentale n'excuse pas les choix qui enlèvent à l'enfant un droit à sa personnalité. Ainsi, il est injuste que la famille Chevalier prénomme un nouveau-né Maurice ou que les César appellent leur fils Jules par snobisme. Enfin, signalons un phénomène d'époque qui oriente les choix actuels. Notre société encourage un retour à la nature; l'écologie se mue en mouvement politique. Une curiosité de plus en plus vive pour le passé, pour le "mystère de nos racines" préside à l'édition de monographies et d'ouvrages consacrés à l'histoire des villes et des villages. En parallèle, les prénoms anciens refont surface. Vous les redécouvrirez dans cet ouvrage que nous avons voulu l'un des plus complets dans le genre. Au-delà des origines et des significations, sans doute prendrez-vous plaisir à lire les commentaires historiques, religieux, scientifiques, légendaires, anecdotiques qui allient l'insolite et la rigueur. C'est en tout cas notre souhait le plus cher.

Carl Norac.

A

Aaron : se fête le 1er juillet.
Origine : frère de Moïse, Aaron laissa adorer le Veau d'or. Il fut le premier grand prêtre des Hébreux.
Abel : se fête le 5 août.
Origine : de l'hébreu "hevel" ou de l'assyrien, personnage biblique, fils cadet d'Adam et Eve, assassiné par Caïn, son frère aîné. *Signification :* vanité, fragilité des choses, ou le fils, celui qui pleure. *Dérivés :* Abélard, Abelia, Abella.
Abélard : se fête le 5 août (voir : Abel) ou le 24 décembre. (Voir : Adèle.)
Abélia : se fête le 5 août. (Voir : Abel.)
Abella : se fête le 5 août. (Voir : Abel.)
Abella est le nom d'une ville de Campanie riche... en noisettes.
Abigail : *Origine :* de l'hébreu "abigayul". *Signification* : joie de son père, source de joie. La Bible parle de ce nom dans le premier livre de Samuel et indique qu'elle fut la première femme du roi David.
Abon : *Origine :* nom breton obtenu par la fusion du germain "abbo" avec le mot breton "aba". *Signification :* père.
Abondance : se fête le 16 septembre.
Origine : du latin "abundantia". *Signification :* abondance, richesse. Abondance était une divinité romaine symbolisée par une corne renversée regorgeant de richesses.
Abraham : se fête le 20 décembre.
Origine : de l'hébreu "abraham". *Signification :* père de multiples nations, l'ancêtre. Abraham, patriarche biblique, est considéré comme l'ancêtre des Arabes et des Juifs. Il aurait vécu vingt siècles avant Jésus-Christ.
Absalon : fils de David et de Maakah, il fit tuer son demi-frère Amnon pour venger le viol de sa sœur.
Acace : se fête le 31 mars.
Origine : du grec "kakos" (mauvais) précédé de l'alpha privatif. *Signification :* dépourvu de malice. Ce prénom masculin peu connu est pourtant porté par de nombreux saints.
Achille : se fête le 12 mai.
Origine : du grec "Akhileus". *Signification :* qui a de belles lèvres. Achille est un héros de *l'Iliade*, le poème que l'auteur de *l'Odyssée*, Homère, consacra à la guerre de Troie.
Ada : se fête le 4 décembre. (Voir : Adnette.)
Adam : se fête le 1er novembre.
Origine : de l'hébreu "adâm". *Signification :* homme. Dans la Bible, Adam est le premier homme que Dieu créa et installa dans le Paradis terrestre. En littérature française, Adam (dit le Bossu) fut un trouvère célèbre au XIIIe siècle.
Adélaïde : se fête le 16 septembre. (Voir : Adèle.)

Adélard : se fête le 16 septembre. (Voir : Adèle.)
Adèle : se fête le 24 septembre ou le 24 décembre.
Origine : du germain "adal". *Signification :* de noble race, sincère. Adèle, fille du roi Dagobert II, fonda le monastère de Pfalzel (près de Trêves) dont elle fut la première abbesse. Elle mourut vers 754. Le film français *Adèle H* a pour personnage principal Adèle, la fille de Victor Hugo.
Dérivés : Abélard, Adélaïde, Adelard, Adelin, Adeline, Adelson, Aïda, Alice, Aliette, Aline, Line.
Adelin : se fête le 20 octobre. (Voir : Adèle.)
Adeline : se fête le 20 octobre. (Voir : Adèle.)
Adelphe : se fête le 11 septembre.
Saint Adelphe, un abbé, vécut au VIIe siècle dans un monastère des Vosges.
Adelson : se fête le 20 octobre. (Voir : Adèle.)
Adhémar : se fête le 24 mars.
Origine : du germain "adal", "heim" et "mar". *Signification :* noble, de maison illustre. La première croisade fut prêchée par l'évêque Adhémar de Monteil.
Adigard : *Origine :* du germain "Adi-gard". *Signification :* maison, enclos, jardin.
Adnette : se fête le 4 décembre.
Sainte Adnette, abbesse venue du monastère de Soissons, a apporté au Mans la règle bénédictine (VIIe siècle). *Dérivé :* Ada.
Adolphe : se fête le 14 février.
Origine : du germain "adal" et "wolf". *Signification :* noble loup. *Adolphe* est le titre d'un roman célèbre de Benjamin Constant, écrivain français du XIXe siècle. C'est aussi le prénom d'un homme politique tristement célèbre : Hitler.
Adrian : se fête le 8 septembre. (Voir : Adrien.)
Adrien : se fête le 8 septembre.
Origine : du latin "Adrianus". *Signification :* puissant. Sept papes et dix patriarches ont porté ce nom. L'empereur Adrien tira son nom de la ville de Vénétie Adria, qui donna le sien à une mer : la mer Adriatique. *Dérivés :* Adrian, Adrienne, Hadrien.
Adrienne : se fête le 8 septembre. (Voir : Adrien.)
Agapit : se fête le 18 août.
Ce saint martyr fut mis à mort pour le Christ, en Italie, à l'âge de quinze ans. Un coup d'épée lui procura l'immortalité en l'an 275.
Agatha : se fête le 5 février. (Voir : Agathe.)
Agathe : se fête le 5 février.
Origine : du grec "agathos". *Signification :* bon. Cette vierge martyre de Palerme devenue sainte Agathe est la patronne des nourrices. On la représente souvent portant ses seins tranchés sur un plat. *Dérivé :* Agatha.
Aglaé : se fête le 1er novembre.
Origine : du grec "Aglaïa". *Signification :* rayonnante de beauté. Aglaé est l'une des trois Grâces de la mythologie grecque. Elle est représentée avec un bouton de rose dans une main.

Agnès : se fête le 21 janvier.
Origine : du grec "agné" et du latin "agnus". *Signification :* agneau pur, innocence. Sainte Agnès fut une martyre romaine du IVe siècle. Elle préféra la mort à la perte de sa virginité.
Agostina : se fête le 28 août. (Voir : Auguste.)
Aguilon : *Origine :* du germain "agil". *Signification :* qui est craint.
Ahmed : se fête le 21 août. Ce fils d'un émir arabe (de la région de Valence) fut converti et baptisé sous le nom de Bernard.
Aïda : se fête le 24 septembre. (Voir Adèle.)
Aimable : se fête le 18 octobre. Saint Aimable, prêtre de Riom, débarrassa son pays des serpents. *Dérivé :* Amable.
Aimé : se fête le 13 septembre.
Origine : du latin "amatus". *Signification :* qui est aimé (de Dieu). *Dérivé :* Aimée.
Aimée : se fête le 20 février. (Voir : Aimé.)
Aimery : *Origine :* du germain "haim-ric". *Signification :* d'une maison puissante.
Ajax : *Origine :* du grec "Aias". Deux héros du poète grec Homère. Le premier, roi de Salamine, est considéré, dans *l'Iliade*, comme le plus vaillant des Grecs après Achille. A la mort de celui-ci, Ulysse lui sera cependant préféré. Le second, après le siège de Troie, viola la prêtresse Cassandre dans le temple d'Athéna et périt dans un naufrage.
Alain : se fête le 9 septembre.
Origine : du latin "Alanus" (les Alains), peuple nomade originaire de Scythie (au nord de la Mer Noire). *Signification :* issu de ce peuple.
Le français Alain Fournier fut l'auteur du roman *Le Grand Meaulnes* publié en 1913.
Alba : se fête le 22 juin. (Voir : Alban.)
Alban : se fête le 22 juin.
Origine : du latin "albus". *Signification :* blanc. Saint Alban est considéré comme le premier martyr de l'Angleterre; il mourut en 287. Les Albani, originaires d'Albanie, furent une célèbre famille romaine dont est issu le pape Clément VI.
Dérivés : Alba, Albane, Albe, Auban, Aubane.
Albane : se fête le 22 juin. (Voir : Alban.)
Albe : se fête le 22 juin. (Voir : Alban.)
Albéric : se fête le 26 janvier.
Origine : du germain "alb" et "rik". *Signification :* roi des Elfes, considérés dans la mythologie scandinave comme des génies de l'air.
Albert : se fête le 15 novembre.
Origine : du germain "adel" et "bert". Le nom Albert est le résultat d'une contraction de la forme ancienne Adalbert (Adalbrecht en allemand, Adalbertus en latin).
Signification : de brillante noblesse.
Ce nom fut porté par un grand nombre de personnages célèbres : Albert le Grand, dominicain, docteur de l'Eglise, qui vécut au XIIIe siècle. Après avoir suivi les cours de l'école de Padoue, il va à l'Université de Paris. En y enseignant la théolo-

gie, il rédige son traité de science et de philosophie. Puis il part à Cologne, où il est le maître de Thomas d'Aquin. Il part à Rome, en Bohême, où il prêche la croisade, puis rentre à Cologne où il meurt. Son œuvre a consisté à faire comprendre les diverses disciplines enseignées par Aristote ainsi qu'à développer les sciences profanes, ce qui lui valut le surnom de "Docteur Universel". A Paris, on a donné son nom à la place Maubert (maître Albert).
Ce nom fut aussi porté par Albert Schweitzer, Albert Einstein... En Angleterre, il fut à la mode après le mariage de la reine Victoria avec le prince Albert de Saxe. En France, il fut surtout répandu à la fin du XIXe siècle. Tandis qu'aux Etats-Unis, le diminutif Bertie reste assez courant.
Type caractérologique : ce sont des introvertis, mais ils ont aussi une bonne perception des choses. Ils sont intuitifs, calmes dans l'action, mais parfois aussi nerveux, ce qui les rend un peu déconcertants. Ils ont une curiosité sélective, et font d'excellents techniciens, sachant diriger plusieurs tâches à la fois. *Dérivés :* Alberta, Alberte, Albertin, Albertine, Albertina, Alberty, Aubert, Adalbert.
Alberta ou Albertha : se fête le 15 novembre. (Voir : Albert.)
Alberte : se fête le 15 novembre. (Voir : Albert.)
Albertin : se fête le 15 novembre. (Voir : Albert.)
Albertina : se fête le 15 novembre. (Voir : Albert.)
Albertine : se fête le 15 novembre. (Voir : Albert.)
Alberty : se fête le 15 novembre. (Voir : Albert.)
Albin : se fête le 1er mars. (Voir : Aubin.)
Albine : se fête le 1er mars. (Voir : Aubin.)
Alda : se fête le 26 avril. (voir : Aldegonde.)
Aldegonde : se fête le 30 janvier.
Origine : du germain "adal" et "gund". *Signification :* guerre noble. Sainte Aldegonde, patronne du monastère de Maubeuge, était la sœur de sainte Waudru, abbesse de Mons, en Hainaut belge. *Dérivés :* Alda, Aldo, Alida.
Aldo : se fête le 30 janvier. (Voir : Aldegonde.)
Alec : se fête le 22 avril. (Voir : Alexandre.)
Alèthe ou Alette : se fête le 4 avril.
Sainte Alèthe mit au monde sept enfants dont le futur saint Bernard qui naquit près de Dijon en 1090.
Alex : se fête le 22 avril. (Voir : Alexandre.)
Alexandra : se fête le 20 mars. (Voir : Alexandre.)
Alexandre : se fête le 22 avril.
Origine : du grec "alexein" et "aner, andros". *Signification :* l'homme, le guerrier qui repousse les ennemis, le protecteur. C'est le nom de cinq rois de Macédoine dont le troisième, Alexandre le Grand, fut le plus célèbre. Il mourut en l'an 323 avant Jésus-Christ. Il fonda en Egypte la ville d'Alexandrie. *Alexandre le Grand* est une pièce de théâtre de Jean Racine écrite en 1665. *Dérivés :* Alec, Alex, Alexandra, Alexandrine, Alexia, Alexis, Alix, Axel, Axelle, Sacha, Sandie, Sandra, Sandrine, Sandy.

Alexandrine : se fête le 20 mars. (Voir : Alexandre.)
Alexia : se fête le 9 janvier. (Voir : Alexandre.)
Alexis : se fête le 17 février. (Voir : Alexandre.)
Cinq empereurs d'Orient et un tsar portèrent ce nom.
Dérivé : Alexise.
Alexise : se fête le 17 février. (Voir Alexis.)
Aleyde : se fête le 16 juin.
Origine : du germain "adal". *Signification :* noble. Sainte Aleyde est née à Schaerbeek (Bruxelles). Elle mourut lépreuse vers 1250.
Alfred : se fête le 15 août.
Origine : du germain "athal-frid". *Signification :* tout en paix, paisible. Saint Alfred le Grand fut, au IXe siècle, le roi du Wessex (capitale : Winchester) et des Anglo-Saxons. Deux poètes romantiques français : Alfred de Musset, Alfred de Vigny, et un cinéaste anglo-américain Alfred Hitchcock ont honoré ce prénom.
Dérivés : Alfreda, Elvire, Elvis.
Alfreda : se fête le 15 août. (Voir Alfred.)
Alice : se fête le 16 décembre. (Voir : Adèle.)
Alice au Pays des Merveilles est un conte de l'écrivain anglais Lewis Caroll publié en 1865. *Dérivé :* Alison.
Alida : se fête le 26 avril. (Voir : Aldegonde.)
Aliénor : se fête le 25 juin. (Voir : Eléonore.)
Aliette : se fête le 4 avril. (Voir : Adèle.)
Alin : se fête le 20 octobre.
Origine : du germain "allin". *Signification :* tout.
Alina : se fête le 19 juin. (Voir : Aline.)
Aline : se fête le 19 juin. (Voir : Adèle.)
Alison : se fête le 16 décembre. (Voir : Alice.)
Alix : se fête le 9 janvier. (Voir : Alexandre.)
Alleaume : *Origine :* du germain "adel-hem". *Signification :* qui porte un casque noble.
Aloin : *Origine :* de "alwin". *Signification :* ami.
Aloïs : se fête le 21 juin. (Voir : Louis.)
Aloysius : se fête le 21 juin. (Voir : Louis.)
Alphonse : se fête le 1er août.
Origine : du germain "adal" et "fune". *Signification :* noble et prompt. Saint Alphonse de Liguori, docteur en droit à seize ans, fonda la congrégation des Rédemptoristes. Il mourut en 1787 et fut canonisé en 1839. On trouve des Alphonse rois d'Aragon, de Navarre, de Castille, d'Espagne, du Portugal, de Sicile. Alphonse de Lamartine, Alphonse Daudet et Alphonse Allais sont des écrivains français célèbres. *Dérivés :* Alphonsin, Alphonsine.
Alphonsin : se fête le 1er août. (Voir : Alphonse.)
Alphonsine : se fête le 1er août. (Voir : Alphonse.)
Amable : se fête le 18 octobre. (Voir : Aimable.)

Amaël : se fête le 24 mai. (Voir : Maël.)
Amalia : se fête le 19 septembre.
Origine : du germain "amal", racine wisigothe. Très fréquent en Allemagne, ce prénom est à la mode aujourd'hui en France.
Amalric : se fête le 15 janvier. (Voir : Amaury.)
Amance : se fête le 4 novembre. (Voir : Amand.)
Amand : se fête le 6 février.
Origine : du latin "amandus". *Signification :* aimable. Saint Amand, moine puis ermite, fut évêque de Tongres puis de Maastricht. L'abbaye d'Elnone où il mourut en 679 a donné naissance à la ville française du Nord : Saint-Amand-les-Eaux.
Dérivés : Amance, Amanda, Amandine.
Amanda : se fête le 9 juillet. (Voir : Amand.)
Amandine : se fête le 9 juillet. (Voir : Amand.)
Amaryllis : *Origine :* plante bulbeuse aux fleurs odorantes et éclatantes.
Amaury : se fête le 15 janvier.
Origine : nom médiéval dont Amalric est le synonyme. *Signification :* très laborieux. *Dérivé :* Amalric.
Ambroise : se fête le 7 décembre.
Origine : du grec "a-brotos". *Signification :* immortel. L'ambroisie était un nectar réputé donner l'immortalité aux dieux grecs. Saint Ambroise fut évêque de Milan au IVe siècle. Ambroise Thomas est un compositeur de musique français mort en 1896. Ambroise Paré, qui vécut au XVIe siècle, est considéré comme le père de la chirurgie moderne.
Ame : se fête le 13 septembre.
Origine : du latin "amos". *Signification :* qui est aimé.
Dérivé : Amy.
Amédée : se fête le 30 mars.
Origine : du latin "am" et "deus". *Signification :* qui est aimé de Dieu. Deux Amédée célèbres : Wolfang-Amadeus Mozart et le peintre Amadeo Modigliani.
Amèle : se fête le 22 mai. (Voir : Emile.)
Amélie : se fête le 19 septembre. (Voir : Emilie.)
Ameline : se fête le 19 septembre. (Voir : Emilie.)
Amos : se fête le 31 mars.
Prophète juif qui vécut au VIIIe siècle avant Jésus-Christ.
Amy : se fête le 13 septembre.
Origine : du latin "amare". *Signification :* aimer. Nom à résonance affective, utilisé dès le début de l'ère chrétienne.
Anaclet : se fête le 26 avril. Saint Anaclet fut le troisième pape. Anaclet II fut, quant à lui, un anti-pape opposé à Innocent II. Il mourut en 1138.
Anaïs : se fête le 26 juillet.
Origine : du nom grec "Anahita". *Signification :* féconde. Anahita, dans l'ancienne religion persane, était la déesse des eaux et de la fécondité.
Anastase : se fête le 22 janvier.

Origine : du grec "anastasis". *Signification :* résurrection. Saint Anastase, fils d'un mage persan, fut martyrisé vers 628. Mais d'autres saints ont porté le nom d'Anastase et notamment le 39e pape, Anastase Ier, mort en 401. Il se fête le 19 décembre. *Dérivés :* Anastasie, Anastasia.

Anastasia : se fête le 25 décembre. (Voir : Anastasie.)

Au milieu du XXe siècle, une "affaire Anastasia" fit couler beaucoup d'encre. Une Anastasia se prétendit fille du tsar Nicolas II échappée au massacre de la famille royale russe en 1917. Aucune preuve solide ne put être avancée.

Anastasie : se fête le 25 décembre. (Voir : Anastase.)

Ce fut le nom donné à la censure lors des deux dernières guerres mondiales.

Anatole : se fête le 2 juillet.

Origine : du grec "anatolê". *Signification :* aurore, qui vient de l'Anatolie, du Levant. Saint Anatole, grand mathématicien, vécut au IIIe siècle. Un grand écrivain français, Anatole France, reçut le prix Nobel en 1921. *Dérivé :* Anatolie.

Anatolie : se fête le 3 février. (Voir : Anatole.)

Andéol : se fête le 1er mai. Saint Andéol mourut en 208.

Andoche : se fête le 24 septembre. Saint Andoche fut un prêtre martyr de la région de la Côte-d'Or.

André : se fête le 30 novembre.

Origine : du grec "andros", homme. *Signification :* viril, courageux.

André et son frère Simon sont des pêcheurs de Palestine. Alors qu'ils jettent leurs filets, Jésus les invite à le suivre. Avec Simon-Pierre, Jacques et Jean, André est l'un des disciples privilégiés du Christ. Selon le IVe Evangile, André aurait d'abord été un disciple de Jean-Baptiste. Il fut martyrisé à Patras, où on l'attacha sur une croix en forme de X, qui depuis porte le nom de "croix de Saint-André". Ses reliques furent transportées à Constantinople. Plus tard, on déposa un de ses bras au monastère romain de Saint-André. Son culte fut très important, et il devint l'un des patrons de l'Ecosse et de la Russie. Ce fut autrefois un prénom très courant en France.

En Allemagne, en Autriche, la Saint-André connaît des manifestations traditionnelles, qui recouvrent en fait d'anciennes fêtes païennes. En Angleterre, le prénom Andrew a, sous sa forme de diminutif, donné le jour au mot "dandy". En Scandinavie, la forme Anderson ou Andersen est très fréquente dans les noms de famille.

Type caractérologique : ils ont une forte émotivité, qui les pousse parfois à la colère. Mais ils ont une forte vie intérieure et une existence extérieure pleine. Volontaires, ne faisant bien que ce qu'ils aiment, ils sont remarquablement intelligents, pleins de vitalité et affectueux. Ils n'aiment pas être seuls.

Dérivés : Andrée, Andréa, Andy, Andreas, Andrew, Andrien, Andréane.

Andréa : se fête le 30 novembre. (Voir : André.)

Andrée : se fête le 30 novembre. (Voir : André.)

Andromaque : princesse légendaire de Troie, héroïne de *l'Iliade*, épouse d'Hector et mère d'Astyanax. Après la prise de Troie, elle devient l'esclave et la femme de Pyrrhos, fils d'Achille.

Andry : se fête le 30 novembre.
Origine : de l'ancien germain "and-ric". *Signification :* extrémité puissante (de l'épée).
Andy : se fête le 30 novembre. (Voir : André.)
Anfray : *Origine :* du germain "ans-frid". *Signification :* paix. *Dérivé :* Anfroy.
Anfroy : (Voir : Anfray.)
Ange : se fête le 5 mai. (Voir : Angèle.)
Angéla : se fête le 5 janvier. (Voir : Angèle.)
Angèle : se fête le 27 janvier.
Origine : du latin "angelus". *Signification :* ange, messager.
Sainte Angèle de Foligno mourut en 1309. Parmi d'autres saintes Angèle, notons la franciscaine Angèle Merici qui fonda le premier couvent des Ursulines.
Dérivés : Ange, Angéla, Angélina, Angéline, Angélique.
Angelier : *Origine :* du germain "angil-hari". *Signification :* armée des Angles (peuple germanique ayant envahi l'Angleterre vers la fin du Ve siècle).
Angélina : se fête le 27 janvier. (Voir : Angèle.)
Angéline : se fête le 15 juillet. (Voir : Angèle.)
Angélique : se fête le 17 juillet. (Voir : Angèle.)
Angibaud : *Origine :* du germain "angil-bald". *Signification :* lance intrépide.
Anglebert : *Origine :* du germain "angil-berth". *Signification :* lance audacieuse.
Anicet : se fête le 17 avril.
Origine : du grec "aniketos". *Signification :* invisible. Saint Anicet fut le 11e pape. Il vécut au IIe siècle. *Dérivés :* Anissa, Anisson.
Anissa : se fête le 17 avril. (Voir : Anicet.)
Anisson : se fête le 17 avril. (Voir : Anicet.)
Anita : se fête le 26 juillet.
Origine : diminutif de l'espagnol "Juanita". *Signification :* gracieuse.
Anna : se fête le 26 juillet. (Voir : Anne.)
Annabella : se fête le 26 juillet. (Voir : Anne.)
Annabelle : se fête le 26 juillet. (Voir : Anne.)
Anne : se fête le 26 juillet.
Origine : de l'hébreu "hannah". *Signification :* grâce, gracieuse.
Sainte Anne est la patronne des marins, des menuisiers, des tanneurs, des gantiers, des parfumeurs.
Anne et son époux Joachim, de la tribu de Juda, seraient restés vingt années sans descendants, et c'est un ange qui aurait donné son nom à leur fille Marie, enfant du miracle, qui deviendra la Sainte Vierge, mère de Jésus-Christ.
Ce nom très ancien était déjà en usage chez les Phéniciens et les Carthaginois (cf. Hannibal). Virgile, dans *l'Enéide*, la présente comme la sœur de Didon, fondatrice de Carthage. En Europe, à partir du XVe siècle, la dévotion à la Vierge s'est étendue à toute sa famille. La Bretagne lui a voué un culte tout particulier, où Anne passe même à tort pour un nom breton : il semble s'être confondu avec un ancien nom celtique, Ana, et donne l'occasion de maintes célébrations. Ce nom, dans

toute l'Europe, est souvent associé à d'autres prénoms, comme par exemple, Anne-Marie, et la vogue des Anne-Sophie, Anne-Charlotte, etc, s'intensifie encore aujourd'hui.
De nombreux personnages historiques comme Anne Boleyn, Anne de Bretagne, Anne de Kiev, ou légendaires comme Anna Karénine ont porté ce prénom, qui connaît un succès égal depuis quatre siècles.
Type caractérologique : ce sont des observatrices, mais elles sont tiraillées intérieurement entre la mystique et l'orgueil. Elles ont de la volonté jusqu'à l'entêtement. Elles persévèrent dans le travail, pour compenser un certain manque de dynamisme et de sociabilité. Intuitives, à l'intelligence remarquable, leur affectivité oscille elle aussi entre la générosité et l'égoïsme.
Dérivés : Anna, Annette, Annick, Annie, Anaïs, Anita, Nanette, Ninon, Nancy, Annabella, Annelyse, Anny, Anouchka, Anouk, Arabelle.
Anne-Laure : se fête le 26 juillet et le 10 août.
Origine : du latin "laurus". *Signification :* laurier. La plus connue est sans doute la Laure, immortalisée par Pétrarque.
Annelyse : se fête le 29 juillet ou le 17 novembre. (Voir : Anne et Lise.)
Anne-Marie : autre composition, se fête le 15 août.
Origine : de l'hébreu "Myriam". *Signification :* voyante, dame.
Annette : se fête le 26 juillet. (Voir : Anne.)
Annibal : se fête le 1er novembre. (Voir : Hannibal.)
Annick : se fête le 26 juillet. (Voir : Anne.)
Annie : se fête le 26 juillet. (Voir : Anne.)
La plus célèbre Annie de Belgique est la chanteuse et comédienne Annie Cordy.
Annonciade : se fête le 25 mars, le jour de l'Annonciation du Seigneur à Marie par l'ange Gabriel.
Annouck ou Anouck ou Anouk : se fête le 26 juillet. (Voir : Anne.)
Anouchka : se fête le 26 juillet. (Voir : Anne.)
Anny : se fête le 26 juillet. (Voir : Anne.)
Anseaume : se fête le 21 avril. (voir : Anselme.)
Anselme : se fête le 21 avril.
Origine : du germain "ans" et "helm". *Signification :* casque, heaume de la divinité. Saint Anselme, moine bénédictin, fut nommé archevêque de Canterbury par Guillaume le Conquérant. Il mourut en 1109, laissant des ouvrages religieux remarquables.
Dérivés : Anseaume, Anthéaume, Anthelme, Selma.
Anthéaume : se fête le 21 avril. (Voir : Anselme.)
Anthelme : se fête le 26 juin. (Voir : Anselme.)
Anthony : se fête le 17 juin. (Voir : Antoine.)
Deux acteurs américains connus portent ce prénom : Anthony Quinn et Anthony Perkins.
Antoine : se fête le 17 janvier et le 13 juin.
Origine : du grec "anthos" ou du latin "antonius".

Signification : fleur ou inestimable.
Dans l'Antiquité, Marc-Antoine, cousin de César, fut l'organisateur du second triumvirat. Les noms d'Antonius et d'Antonia furent très fréquents au début de notre ère. Il y eut ensuite de nombreux saints et martyrs qui portèrent ce nom. Il y a Antoine le Grand (250-356), le "père des moines d'Occident". Sa biographie écrite par l'évêque d'Alexandrie, saint Athanase, connut un grand succès. Orphelin, saint Antoine abandonne ses biens, part dans le désert et se réfugie dans un tombeau creusé dans la montagne. Le diable le tente, comme l'ont illustré Jérôme Bosch, Breughel et Flaubert. Une légende l'associe à un inséparable cochon. Il deviendra le patron des charcutiers. Plus tard, il fonde les deux premiers monastères connus et soutiendra ses coreligionnaires dans leurs luttes. Il y a aussi Antoine de Padoue (1195-1231). Après des études théologiques, il entre chez les Franciscains et parcourt les régions cathares. Il est surnommé "l'arche du testament", et c'est un des plus savants prédicateurs de son temps. On l'invoque aujourd'hui comme le patron des objets perdus. La forme Antony est arrivée en Angleterre au moment des croisades. Ce nom, enfin, a été immortalisé sous sa forme de diminutif par Thomas Mann (Tonio Kröger), et porté par un musicien Anton Bruckner, un écrivain Anton Tchekov, et divers acteurs de cinéma américains. Type caractérologique : ils observent beaucoup; ce sont des introvertis, pour qui la vie intérieure est plus importante que le reste. Ils sont plutôt émotifs, ce qui fait que leurs décisions ne sont pas prises sur-le-champ. Leur amitié est fidèle et sûre. Très intuitifs, ils sont attirés par la philosophie, d'autant plus que leur intelligence est très synthétique. Ils sont très résistants à la fatigue.
Dérivés : Antoinette, Antonin, Antonine, Toinon, Toinette, Anthony, Tony, Toni, Tonio, Anton, Antonella.
Antoinette : se fête le 28 février. (Voir : Antoine.)
Antonia : se fête le 28 février. (Voir : Antoine.)
Antonin : se fête le 10 mai. (Voir : Antoine.)
Antonine : se fête le 10 mai. (Voir : Antoine.)
Anthony : se fête le 17 janvier, le 13 juin et le 28 février. (Voir : Antoine.)
Apollon : se fête le 12 septembre.
Origine : du grec "Apollos". Apollon, dieu grec de la lumière. *Signification :* le brillant. Apollon était aussi le dieu des Arts, de la Musique et de la Poésie. Sa beauté est célèbre. *Dérivés :* Apollinaire, Apolline.
Apollinaire : se fête le 12 septembre. (Voir : Apollon.)
Un poète français, Guillaume Apollinaire, mourut victime de la "grippe espagnole" en 1918. Son œuvre est réputée.
Apolline : se fête le 9 février. (Voir : Apollon.)
Sainte Apolline fut martyrisée à Alexandrie vers 249. On lui brisa toutes les dents. Elle est aujourd'hui la patronne des dentistes...
Apollos : se fête le 25 janvier. C'est le nom d'un moine égyptien.
Apulée : se fête le 7 octobre.
Saint Apulée fut un martyr du 1er siècle.

Arabelle : se fête le 1er novembre. (Voir : Annabelle.)
Arcadius : se fête le 12 janvier ou le 1er août.
Origine : du latin "arcadius". *Signification :* qui provient d'Arcadie. Saint Arcadius est mort sous la torture au début du IVe siècle.
Dérivé : Arcady.
Arcady : se fête le 1er août. (Voir : Arcadius.)
Archambaud : se fête le 1er novembre.
Origine : du germain "erchambaud". *Signification :* d'un naturel audacieux.
Dérivés : Archibald, Archie.
Archibald : se fête le 30 avril ou le 27 mars. (Voir : Archambaud.)
Saint Archibald (ou Archambaud) fut évêque de Londres au VIIe siècle.
Archie : se fête le 27 mars ou le 30 avril.
Ce prénom survit surtout dans les noms de famille. Il est très employé aux Etats-Unis.
Archimède : Savant grec (287-212 av. J.-C.). On lui doit une oeuvre scientifique considérable. Il inventa la roue dentée, la vis sans fin, la poulie mobile.
Ariane : se fête le 17 septembre.
Origine : du grec "Ariadne". Ariane, fille du roi Minos de Crète. L'expression "le fil d'Ariane" est connue. Selon la mythologie grecque, Ariane donna à Thésée une pelote de fil à dévider dans le labyrinthe, refuge où se trouvait le Minotaure, monstre fabuleux composé d'un corps humain surmonté d'une tête de taureau.
Ariel : se fête le 1er octobre. (Voir : Arielle.)
Arielle : se fête le 1er octobre.
Aristide : se fête le 31 août.
Origine : du grec "aristos" et "eidès". *Signification :* le très bon, le meilleur. Saint Aristide, philosophe grec, fut martyrisé au IIe siècle, après s'être converti au christianisme. Le chansonnier français Aristide Bruant, décédé en 1925, écrivit non seulement des chansons mais aussi des romans-feuilletons ainsi qu'un "Dictionnaire de l'Argot au XXe siècle".
Arlette : se fête le 17 juillet. (Voir : Charlotte.)
Armance : se fête le 8 juin. (Voir : Armand.)
Armand : se fête le 23 décembre.
Origine : du germain "hart" et "man". *Signification :* homme fort. Saint Armand, évêque franciscain, mourut en 1165. Armand Jean du Plessis, cardinal de Richelieu créa l'Académie française en 1635. *Dérivés :* Armance, Armanda, Armande, Armandine.
Armanda : se fête le 8 juin. (Voir : Armand.)
Armande : se fête le 8 juin. (Voir : Armand.)
L'épouse de Molière s'appelait Armande Béjart.
Armandine : se fête le 8 juin. (Voir : Armand.)
Armel : se fête le 16 août.
Nom d'un saint qui fonda deux abbayes en Bretagne. Il y mourut en 570.
Dérivés : Armela, Armelle, Armil, Ermel, Ermeline, Harmelin.

Armelle : se fête le 16 août. (Voir : Armel.)
Armil : se fête le 16 août. (Voir : Armel.)
Arnaud : se fête le 10 février.
Origine : du germain "arn" et "walden". *Signification :* aigle gouverneur. Saint Arnaud vécut au XIIIe siècle. *Dérivés :* Arnold, Arnoul, Arnould.
Arnold : se fête le 14 août. (Voir : Arnaud.)
Arnoul : se fête le 18 juillet. (Voir : Arnaud.)
Arnould : se fête le 18 juillet. (Voir : Arnaud.)
Arsène : se fête le 19 juillet.
Origine : du grec "arsénios". *Signification :* mâle.
Arsène Lupin fut le premier roman d'aventures du romancier français Maurice Leblanc. Son personnage, devenu très célèbre, est un gentleman cambrioleur.
Arthur : se fête le 15 novembre.
Origine : du celtique "arz". *Signification :* ours. Saint Arthur fut immolé par le roi d'Angleterre Henri VIII, en 1539. Mais le personnage le plus fabuleux ayant porté ce nom est le roi Arthur, héros des chevaliers de la Table ronde dont les aventures ont été chantées au Moyen Age dans le Cycle breton.
Artus : se fête le 15 novembre. Autre nom employé pour désigner le roi Arthur.
Astrid : se fête le 27 novembre.
Origine : du grec "astron" ou du germain "ans" et "trud". *Signification :* astre ou divinité fidèle.
La reine Astrid, épouse du roi des Belges Léopold III, fut la mère de Baudouin Ier. Elle mourut en 1935, victime d'un accident de la route.
Athalie : reine de Juda de 842 à 834. Elle apparut dans les récits bibliques et dans la dernière des œuvres de Racine.
Athanase : se fête le 2 mai.
Origine : du grec "athanatos". *Signification :* immortel. Saint Athanase mourut à Alexandrie en 373.
Auban : se fête le 1er mars. (Voir : Alban.)
Aubane : se fête le 1er mars. (Voir : Alban.)
Aubert : se fête le 10 septembre. (Voir : Albert.)
Aubierge : se fête le 7 juillet. C'est le nom d'une sainte, fille d'un roi anglo-saxon, émigrée en France, qui entra au monastère pour y rechercher la perfection.
Aubin : se fête le 1er mars.
Origine : du latin "albus". *Signification :* blanc. Saint Aubin est le patron de la ville d'Angers où il mourut en 550. C'est aussi le nom d'un chef-lieu de canton de l'Aveyron. *Dérivés :* Albin, Albine, Aubrin, Aubry.
Aubry : se fête le 1er mars. (Voir : Aubin.)
Aude : se fête le 18 novembre.
Origine : du germain "ald". *Signification :* ancien. Dans le *Roman de Roland*, le premier chef-d'œuvre de la littérature épique du Moyen Age français, Aude est la fiancée de Roland le Preux. Elle mourra de chagrin en apprenant la mort de celui qu'elle aime.

Audrey : se fête le 23 juin.
Origine : du celtique "alt" et "roen" ou du germain "adal" et "hrod". *Signification :* d'un rang élevé, royal ou gloire. Sainte Audrey mourut en 670. Dans le monde du cinéma, Audrey Hepburn est un nom connu.
Augusta : se fête le 29 février. (Voir : Auguste.)
Auguste : se fête le 29 février.
Origine : du latin "augustus". *Signification :* fameux, désigné par le destin. Saint Auguste missionnaire en Chine y subit le martyre en 1856. Ce fut sous le nom d'Auguste qu'Octave succéda à César dont il était le petit-neveu. Un sculpteur, Auguste Rodin, et un peintre, Auguste Renoir, ont fait honneur à leur prénom. *Dérivés :* Agostina, Augusta, Augustin, Augustine, Gustin.
Augustin : se fête le 28 août. (Voir : Auguste.)
Augustine : se fête le 28 août. (Voir : Auguste.)
Aure : se fête le 4 octobre.
Origine : du latin "aurum". *Signification :* or.
Dérivé : Orianne.
Aurèle : se fête le 27 juillet.
Origine : du latin "aurelius". *Signification :* celui qui brille. Marc Aurèle fut un empereur et philosophe romain du IIe siècle. Il laissa un ouvrage intitulé *Pensées*.
Aurélia : se fête le 15 octobre. (Voir : Aurélie.)
Aurélia est le nom obsédant d'une femme qui hanta le poète français Gérard de Nerval. La via Aurelia ou voie Aurélienne reliait Rome à Arles.
Aurélie : se fête le 15 octobre.
Origine : du latin "aurum". *Signification :* or. Sainte Aurélie est vénérée à Strasbourg. *Dérivés :* Aurélia, Aurélien.
Aurélien : se fête le 16 juin. (Voir : Aurélie.)
Saint Aurélien, évêque d'Arles, mourut en 551. Aurélien est aussi le nom d'un empereur romain du IIIe siècle. Il institua à Rome le culte du Soleil et se fit appeler "deus", dieu et "invictus", invaincu. Aurélien se croyait ambassadeur du Soleil parmi les hommes.
Aurora : se fête le 13 décembre. (Voir : Aurore.)
Chez les Grecs et les Romains, Aurora était une déesse. C'est aussi le nom d'une île des Nouvelles-Hébrides (Océanie).
Aurore : se fête le 13 décembre.
Origine : du latin "aurora". *Signification :* lueur qui suit l'aube et précède le lever du soleil, aurore. *Dérivé :* Aurora.
C'est le journal *L'Aurore* qui publia *J'accuse*, le manifeste écrit par le romancier français Emile Zola. Ce texte relança ce qu'on a appelé "L'affaire Dreyfus".
Ava : se fête le 29 avril.
Origine : du latin "avis". *Signification :* oiseau. Sainte Ava vécut à l'abbaye de Denain. Ava fut aussi une ancienne capitale birmane créée au XIVe siècle sur une île artificielle. La Birmanie fut longtemps désignée sous l'appellation de "Royaume d'Ava". Une actrice de cinéma très célèbre : Ava Gardner. *Dérivé :* Avit.

Avit : se fête le 5 février. (Voir : Ava.)
Saint Avit prit part à la conversion de Clovis. Il mourut en 525.
Axel : se fête le 21 mars. (Voir : Alexandre.)
Axelle : se fête le 21 mars. (Voir : Alexandre.)
Les héroïnes du romancier français Pierre Benoit portaient toutes un nom commençant par A. L'une d'elles, Axelle, donne son nom au roman dont elle est le personnage central.
Aye : se fête le 20 avril. On dit que sainte Aye et son mari saint Hidulphe furent des époux modèles.
Aymar : se fête le 29 mai.
Origine : du germain "haim" et "mar". *Signification :* de maison illustre. Saint Aymar mourut en 1242. *Dérivés :* Aymé, Aymée.
Aymé : se fête le 13 septembre. (Voir : Aymar.)
C'est le nom de l'écrivain français Marcel Aymé, auteur de *La Jument Verte*, du *Passe-Muraille* (interprété par Bourvil au cinéma). Ses *Contes du chat perché* sont remarquables.
Aymée : se fête le 20 février. (Voir : Aymar.)
Aymeric : se fête le 4 novembre. (Voir : Eric.)
Aymon : se fête le 20 novembre.
Origine : du germain "haimon". *Signification :* maison, foyer. La légende bien connue des "Quatre Fils Aymon" raconte l'opposition des quatre fils du duc Aymes à Charlemagne. *Dérivé :* Aymone.
Aymone : se fête le 20 novembre. (Voir : Aymon.)

B

Babette ou Babeth : se fête le 17 novembre. (Voir : Elisabeth.)
Babine : se fête le 31 mars. (Voir : Balbine.)
Babylas : se fête le 24 janvier.
Babylas fut un patriarche d'Antioche béatifié au IIIe siècle.
Badilon : se fête le 11 octobre.
Balbine : se fête le 31 mars.
Origine : du latin "balbus". *Signification :* bègue. Sainte Balbine était une jeune vierge romaine du IIe siècle qui assista à la décapitation de son père.
Dérivé : Babine.
Balthazar : se fête le 1er novembre.
Origine : du babylonien "Bêl-shar-usur". *Signification :* le dieu Bel protège sa vie. Balthazar, un des trois mages, apporta de la myrrhe à Jésus lors de sa naissance à Bethléem.
Baptista : se fête le 24 juin. (Voir : Baptiste.)
Baptiste : se fête le 24 juin.

Origine : du grec "baptô". *Signification :* baptiser. C'est le surnom donné à l'apôtre qui baptisa Jésus dans le Jourdain. Dans *Les Enfants du Paradis*, chef-d'œuvre cinématographique dû à la collaboration de Marcel Carné et de Jacques Prévert, un mime, Jean-Baptiste Deburau, joué par Jean-Louis Barrault, retint l'attention pour l'excellence de son travail et devint célèbre. Il est le créateur du personnage de Pierrot.
Dérivés : Baptista, Baptistin, Baptistine, Bathias.
Baptistin : se fête le 24 juin. (Voir : Baptiste.)
Baptistine : se fête le 24 juin. (Voir : Baptiste.)
Barbara : se fête le 4 décembre. (Voir : Barbe.)
Ce prénom s'est imposé dans le monde de la chanson française grâce à la chanteuse, auteur-compositeur, Barbara. C'est aussi le titre d'un des plus célèbres poèmes de Jacques Prévert. Deux actrices connues : Barbara Stanwyck et Barbara Hutton.
Barbe : se fête le 4 décembre.
Origine : du latin "barbari". *Signification :* barbares. Sainte Barbe, selon la légende, était une jeune vierge très belle et fort courtisée. Son père, jaloux des prétendants et furieux de la savoir chrétienne, aurait supplicié sa fille par le feu après une décapitation. Sainte Barbe est devenue la patronne des artilleurs, des mineurs, des pompiers... Elle serait morte martyre en 235. *Dérivés :* Barbara, Barberine, Barry.
Barberine : se fête le 4 décembre. (Voir : Barbe.)
Barnabé : se fête le 11 juin.
Origine : de l'hébreu "bar-nabas". *Signification :* fils de consolation. Saint Barnabé fut l'un des premiers apôtres du christianisme. Il fonda une église à Chypre. Il mourut lapidé par les juifs en 63.
Barnard : se fête le 23 janvier.
Barry : se fête le 4 décembre. (Voir : Barbe.)
Barthélemy : se fête le 24 août.
Origine : de l'araméen "bar-tolomaï". *Signification :* fils de celui qui arrête les eaux. Saint Barthélemy fut l'un des douze disciples de Jésus. La Saint-Barthélemy est historiquement un massacre de protestants orchestré par des catholiques dans la nuit du 23 au 24 août 1572. A cette époque, en France, sévissaient les "guerres de religion". *Dérivés :* Bartholomé, Bartolomé.
Bartholomé ou Bartolomé : se fête le 24 août. (Voir : Barthélemy.)
Basile : se fête le 2 janvier.
Origine : du grec "basileus". *Signification :* monarque. Saint Basile vécut au IVe siècle. Basile Ier et Basile II furent deux empereurs d'Orient. *Dérivés :* Basin, Vassili.
Basin : se fête le 2 janvier. (Voir : Basile.)
Bastien : se fête le 20 janvier. (Voir : Sébastien.)
C'est un diminutif de Sébastien.
Bastienne : se fête le 20 janvier. (Voir : Sébastien.)

Le premier opéra écrit par Mozart a pour titre : *Bastien et Bastienne*. Né en 1756, le compositeur avait douze ans.

Bathias : se fête le 24 juin. (Voir : Baptiste.)

Bathilde : se fête le 30 janvier.

Origine : du haut allemand "bad-hild". *Signification :* brave et gaie dans le combat. Sainte Bathilde eut une existence peu commune. Esclave anglo-saxonne, elle fut vendue en Gaule par des pirates. Clovis II, maire du palais, l'acheta et l'épousa. Elle devint la mère de trois futurs rois mérovingiens et fonda de nombreux monastères dont celui de Saint-Germain-des-Prés. Elle mourut vers 680.

Dérivé : Bathylle.

Bathylle : se fête le 30 janvier. (Voir : Bathilde.)

Baudouin ou Baudoin : se fête le 17 octobre.

Origine : du germain "bald" et "win". *Signification :* audacieux ami. Saint Baudouin mourut en 1140. Dans l'histoire, épinglons Baudouin de Constantinople, frère de Godefroy de Bouillon, qui participa à la première croisade et devint le premier roi de Jérusalem. Il mourut en 1118. L'actuel roi des Belges est Baudouin Ier, fils de Léopold III. Il règne depuis 1951.

Béa : se fête le 13 février. (Voir : Béatrice.)

Béatrice : se fête le 13 février.

Origine : du latin "beatus". *Signification :* bienheureux.

Sainte Béatrice vivait à Rome au IVe siècle. Elle mourut sur les bords du Tibre en 304. Dans l'œuvre du poète italien Dante (1265-1321), Béatrice est le symbole de l'amour mystique. Le personnage de Dante fut inspiré par une dame de Florence, Béatrice Portinari. *Dérivé :* Béatrix.

Béatrix : se fête le 13 février. (Voir : Béatrice.)

C'est le nom de l'actuelle reine des Pays-Bas.

Béda : se fête le 25 mai. (Voir : Bède.)

Bède : se fête le 27 mai.

Bède, moine bénédictin, fut l'un des hommes d'Eglise parmi les plus savants du VIIIe siècle. *Dérivé :* Bèda.

Begge : se fête le 15 décembre.

Sainte Begge, sœur de Sainte Gertrude de Nivelles, était la fille de Pépin Ier, duc de Brabant. Elle fonda le monastère d'Andenne.

Belinda : *Origine :* du germain "bet" et "libd". *Signification :* brillant et doux. Dans l'histoire de Charlemagne, le prénom est présenté comme celui de la femme de Roland.

Ben : se fête le 31 mars. (Voir : Benjamin.)

Bénédict : se fête le 16 mars. (Voir : Benoît.)

Bénédicte : se fête le 16 mars. (Voir : Benoît.)

Bénezet : se fête le 11 juillet. (Voir : Benoît.)

Il aurait construit le fameux pont d'Avignon.

Bénigne : *Origine :* du latin "benignus". *Signification :* généreux, bienveillant. Le prélat et écrivain du XVIIe siècle Bossuet se prénommait Jacques Bénigne.

Benjamin : se fête le 31 mars.
Origine : de l'hébreu "ben-yamin". *Signification :* fils de la main droite, donc de bon augure. Benjamin est un personnage de la Bible. Il fut le dernier fils de Jacob et de Rachel. Saint Benjamin fut empalé, en Perse, pour avoir refusé, en 422, d'adorer le feu. *Dérivés :* Ben, Benjamine, Benny, Benno.
Benjamine : se fête le 31 mars. (Voir : Benjamin.)
Benno : se fête le 31 mars. (Voir : Benjamin.)
Benny : se fête le 31 mars. (Voir : Benjamin.)
Benoît : se fête le 11 juillet.
Origine : du latin "benedictus". *Signification :* bien nommé, béni.
Au début, le mot "benedicere" signifiait "porter chance", et ce nom eut beaucoup de succès durant tout le Moyen Age. Jusqu'au XVIe siècle, Benoît de Nursie fut le patriarche et le législateur principal des moines d'Occident. Benoît étudia le droit romain à Rome, puis se retira dans une grotte, dans la montagne. Il fonda de petits monastères, puis s'établit au Mont Cassin. Là, le fondateur des bénédictins rédigea sa Règle, très souple et très équilibrée. Après sa mort, ses restes ont été transférés à Saint-Benoît-sur-Loire. La liqueur Bénédictine tire son nom des moines, bénédictins de Fécamp, qui la fabriquaient. Une vingtaine de saints et de papes portent le nom de Benoît. Le philosophe Benedetto Croce, le dictateur italien Benito Mussolini furent des Benoît célèbres.
Type caractérologique : les Benoît ont des réactions rapides, mais leurs décisions sont toujours longuement mûries. Ce sont des extravertis, qui savent écouter; ce sont souvent des philanthropes. Ils sont généralement actifs, ont du "flair", une intelligence souple, une grande imagination, et une grande vitalité. *Dérivés :* Benoîte, Bénédicte, Bettina, Benito, Bénédict, Bénezet.
Benoîte : se fête le 11 juillet. (Voir : Benoît.)
Bérenger : se fête le 26 mai.
Origine : du germain "ber" et "gari". *Signification :* lance d'ours. *Dérivé :* Bérengère.
Bérengère : se fête le 26 mai. (Voir : Bérenger.)
L'épouse de Richard Cœur de Lion était une princesse de Navarre appelée Bérengère.
Bérénice : se fête le 4 février.
Origine : du grec "Bereniké". *Signification :* porteuse de victoire. Maintes princesses égyptiennes portent ce nom. L'une des tragédies de Jean Racine s'appelle *Bérénice*. Elle fut écrite en 1670.
Bermond : *Origine :* du germain "ber-mund". *Signification :* protections de l'ours.
Bernadette : se fête le 18 février. (Voir : Bernard.)
Sainte Bernadette est née à Lourdes. Elle mourut en 1879 dans un couvent de Nevers à l'âge de trente-cinq ans. La célébrité de Lourdes et sa prospérité commerciale découlent des dix-huit apparitions de la vierge révélées par Bernadette. *Dérivé :* Nadette.
Bernard : se fête le 15 juin et le 20 août.

Origine : du germain "bern" et "hard". *Signification :* ours et dur, courageux. C'est un des prénoms les plus fréquents en Europe. Il y a aussi en France une multitude de noms de famille dérivés de ce prénom. Le plus célèbre des Bernard, qui a influé d'ailleurs sur la mode de ce prénom, est Bernard de Clairvaux (1090-1153). Elève intelligent mais timide, il commence sa conversion à la mort de sa mère et entre au monastère de Cîteaux, centre d'une réforme de l'ordre bénédictin. Durant trois ans, il y méditera, y étudiera, y priera, et se mortifiera jusqu'à l'épuisement. Il fonde ensuite l'abbaye de Clairvaux, qui comptera bientôt 700 moines. Sa sainteté, son zèle chrétien se font sentir sur d'autres ordres et vont rayonner sur toute la chrétienté. Il devient le conseiller de plusieurs papes, la "colonne de l'Eglise"; l'Europe lui doit beaucoup, ainsi qu'à ses moines qui ont eu une influence sur l'agriculture et l'architecture.
Type caractérologique : ce sont des sanguins, aux réactions rapides. Ils ne cherchent pas à plaire : ce sont des extravertis, considérant les autres comme un sujet de recherche. Ils ont une volonté très forte, associée à une activité intense, avec un sens de la communauté. Intuitifs, ils ont une intelligence analytique, avec une mémoire redoutable. Ils ont l'injustice en horreur, ce qui en fait des réformateurs, voire des révolutionnaires, abusant de leur vitalité, pour atteindre leur but.
Dérivés : Barnard, Bernardin, Bernadette, Bernie, Bernardo, Bernier.
Bernardin : se fête le 20 mai. (Voir : Bernard.)
Saint Bernardin qui mourut en 1444 est le patron des journalistes.
Bernardine : se fête le 20 mai. (Voir : Bernard.)
Bernier : se fête le 20 mai. (Voir : Bernard.)
Bertha : se fête le 4 juillet.
La Grosse Bertha est le nom donné à un obusier géant puis à des canons à longue portée sortis des usines allemandes Krupp. Madame Krupp se prénommait Bertha, d'où l'appellation.
Berthe : se fête le 11 mai ou le 4 juillet.
Origine : du germain "behrt". *Signification :* brillant. Sainte Berthe vécut au VIIe siècle. Une autre sainte Berthe morte en 725 est fêtée le 4 juillet. Berte, Berthe ou Bertrade, dite Berthe aux grands pieds, était la mère de Charlemagne. Une fille de l'empereur hérita du même prénom. *Dérivés :* Berthilde, Bertille.
Berthilde : se fête le 6 novembre. (Voir : Berthe.)
Bertille : se fête le 6 novembre. (Voir : Berthe.)
Bertin : se fête le 16 octobre. (Voir : Bertrand.)
Bertrand : se fête le 6 septembre ou le 16 octobre.
Origine : du germanique "beet" et "ramm". *Signification :* brillant corbeau.
Dans la mythologie germanique, le corbeau était un animal favori du dieu Odin, d'où sa présence dans de nombreux prénoms. Bertrand fut un prénom très courant au Moyen Age, sous l'influence de Bertrand de Comminges (XIIe siècle), qui s'occupa beaucoup de sa ville épiscopale, qui finira par s'appeler Saint-Bertrand-de-Comminges, et protégea son diocèse contre l'invasion des Maures. Aussi célèbre fut Bertrand Du Guesclin (au XIVe siècle). Devenu connétable, il lutta farou-

chement contre les Anglais durant la guerre de Cent Ans, les harcelant en Poitou, en Saintonge, en Normandie. Ce type du parfait chevalier devint ainsi un héros populaire, première manifestation du patriotisme français. Enfin, ce nom a été illustré par le philosophe anglais Bertrand Russell.
Type caractérologique : ce sont des introvertis, avec une grande sensibilité, qui se déterminent en fonction des événements. Ils sont intuitifs, ont une intelligence souple, rapide, une bonne mémoire, mais ils sont aussi orgueilleux, susceptibles, sensibles à l'échec. Ils sont riches de possibilités. *Dérivés :* Bertrande, Bertin, Bertram.
Beryl : se fête le 21 mars.
Bess : se fête le 4 juillet et le 17 novembre.
(Voir : Elisabeth.)
Bette : se fête le 17 novembre. (Voir : Elisabeth.)
Bettina : se fête le 17 novembre. (Voir : Elisabeth.)
Betty : se fête le 17 novembre. (Voir : Elisabeth.)
Bianca : se fête le 3 octobre. (Voir : Blanche.)
Bibiane : se fête le 2 décembre.
Bienaimé : se fête le 30 octobre.
Origine : du latin "bene-amatus". *Signification :* qui est bien aimé.
Bienheureuse : se fête le 3 octobre.
Bienvenu : se fête le 30 octobre.
Origine : du latin "bene ventus". *Signification :* qui arrive bien. *Dérivé :* Bienvenue.
Bienvenue : se fête le 30 octobre. (Voir : Bienvenu.)
Sainte Bienvenue mourut en 1292. Fulgence Bienvenue a été surnommé le "père du métro". En effet, après avoir dressé les plans du métropolitain parisien, il en surveilla les premiers travaux.
Bill : se fête le 10 janvier. (Voir : Guillaume.)
Billy : se fête le 10 janvier. (Voir : Guillaume.)
Björn : *Origine :* nom suédois.
Rendu internationalement célèbre par un joueur de tennis de talent, Björn Borg.
Blaise : se fête le 3 février.
Origine : du latin "blaesus". *Signification :* bègue. Saint Blaise, évêque du IVe siècle, était, selon la légende, un ermite vivant dans la forêt parmi les animaux sauvages qu'il guérissait. Il fut fait prisonnier, écorché vif puis décapité en 316. Saint Blaise est aujourd'hui le patron des animaux et des cardeurs de laine. Blaise Pascal, connu comme penseur et écrivain du XVIIe siècle, conçut la première machine à calculer. Il avait alors dix-neuf ans. Ses ouvrages les plus célèbres sont les *Provinciales* et les *Pensées*.
Blanche : se fête le 3 octobre.
Origine : prénom porté par la reine de France, Blanche de Castille, mère de Louis IX dit saint Louis. *Signification :* pure, brillante. *Dérivés :* Bianca, Blanchette, Blanchefleur.

Blanchefleur : se fête le 3 octobre. (Voir : Blanche.)
Blanchette : se fête le 3 octobre. (Voir : Blanche.)
Blandine : se fête le 2 juin.
Origine : du latin "blandus". *Signification :* douce, caressante. Sainte Blandine, jeune esclave chrétienne, fut suppliciée à Lyon en 177.
Bluette : se fête le 5 octobre. (Voir : Fleur.)
Bob : se fête le 29 avril. (Voir : Robert.)
Bobby : se fête le 29 avril. (Voir : Robert.)
Bonaventure : se fête le 15 juillet.
Origine : de l'italien "bonaventura". *Signification :* celui pour qui les événements sont heureux. Saint Bonaventure vécut au XIIIe siècle. Il fut l'ami de saint Thomas d'Aquin. Dans la littérature du XVIe siècle, on trouve en France un conteur connu: Bonaventure Des Périers.
Boni : se fête le 5 juin. (Voir : Boniface.)
Boniface : se fête le 5 juin.
Origine : du latin "bonifacius". *Signification :* celui qui a bon visage. Saint Boniface, missionnaire, fonda de nombreux monastères en Allemagne. Il réforma l'Eglise franque. Il fut massacré en 755 et devint l'un des patrons de l'Angleterre. La papauté compte neuf Boniface. *Dérivé:* Boni.
Boris : se fête le 2 mai.
Origine : du russe "borets". *Signification :* combattant. Saint Boris assassiné en l'an 1015 est le patron de Moscou. Boris Godounov fut tsar de Russie de 1598 à sa mort survenue en 1605. Ce tsar a inspiré au dramaturge russe Pouchkine une tragédie dont le compositeur russe Moussorgsky fit un opéra célèbre.
Brain : *Origine :* peut-être du celtique "bri" ou "brigh". *Signification :* élévation, hauteur ou force, puissance. Prénom associé à l'histoire irlandaise, très répandu en Ecosse et en Angleterre aujourd'hui.
Briac : se fête le 18 décembre.
Brice : se fête le 13 novembre.
Origine : du celtique "brigh". *Signification :* force, puissance. Saint Brice fut évêque de Tours. Il mourut en 444. Il apparaît aussi dans beaucoup de noms de famille (Brisset, Brissot).
Brieux ou Brieuc : se fête le 1er mai.
Brigitte : se fête le 23 juillet.
Origine : du celtique "brigh", force, puissance.
Fille du Jupiter gaulois, Daghda, la déesse celtique Brighid fut la mère des fondateurs mythiques de l'Irlande. A l'époque païenne, elle fut la divinité la plus vénérée des Irlandais. La plupart de ses attributs se sont reportés sur sainte Brigitte, fondatrice du monastère de Kildare. L'Irlande en a fait sa patronne et lui rend un culte extraordinairement fervent, qui s'est répandu en Ecosse, en Grande-Bretagne, sur le continent et dans les pays scandinaves. Ce culte y a véhiculé d'innombrables légendes, et une quantité de noms de baptême en sont issus. Ainsi trouve-t-on en Morbihan une localité Sainte-Brigitte, et un culte en Alsace, depuis le transfert

des restes de la sainte au monastère de Honau. En Suède, Birgita deviendra la mère de Catherine de Suède et rédigera des *Révélations*. Remis à la mode au siècle dernier, ce nom tombe de nouveau en désuétude.
Type caractérologique : ce sont des femmes très séduisantes, pleines de majesté et de grâce. Elles sont pourtant secrètes, introverties, et fuient la foule; elles sont d'une grande émotivité. Très intuitives, elles ont une intelligence vive et synthétique, une excellente mémoire. Si bien qu'elles choisiront une profession absorbante, ou alors, se consacreront uniquement à leur foyer, car lorsqu'elles ont choisi leur prince charmant, c'est pour toujours ! *Dérivé :* Birgit.
Brunhilde : *Origine* : du germain "brunja" et "hil".
Signification : cuirasse, armure et combat.
Nom de la plus célèbre des Walkyries, filles d'Odin. Thème exploité par Wagner dans *l'Anneau du Nibelung*.
Bruno : se fête le 6 octobre.
Origine : du germain "brunja". *Signification :* cuirasse, armure.
Dans la mythologie germanique, Bruno était l'un des surnoms d'Odin. Il fut pris également par une ethnie ancienne du nord de l'Allemagne, les Brunons.
Au Moyen Age, il fut populaire dans les pays de langue allemande. D'ailleurs, le fondateur de l'ordre des Chartreux, saint Bruno (1030-1101), est né à Cologne. Après ses études, il enseigne la théologie à Reims, puis, plus tard, renonce à la vie séculière. Il va trouver l'évêque de Grenoble avec six compagnons, et celui-ci les conduit dans le farouche désert montagneux de Chartreuse, qui deviendra le centre d'un ordre religieux.
Ce nom tombé en désuétude, sera remis à la mode au XIXe siècle par le romantisme et les romans de chevalerie.
Type caractérologique : ce sont des actifs, des extravertis, qui veulent participer à la vie du monde. Mais ils sont aussi émotifs et coléreux. Leur activité dépend d'un "coup de foudre", et ils aiment le changement. Ils ont une intelligence exceptionnelle, une grande mémoire et une vitalité solide.
Dérivés : Bruna, Brune, Brunette.
Brutus : *Origine :* en latin, "Lucius Junius Brutus". Héros légendaire de Rome, associé à la chute de la royauté. Redoutant les représailles de Tarquin le Superbe, il contrefit longtemps la folie ("brutus", idiot).

C

Calixte ou Calliste : se fête le 14 octobre.
Origine : du grec "kallistos". *Signification :* très bon.
Saint Calixte mort en 222 fut le 16e pape. Il administra les cimetières chrétiens. Deux autres Calixte sont devenus papes. Calixte II (le 160e) vécut au XIe siècle et Calixte III (le 207e) quatre siècles plus tard.

Camille : se fête le 14 juillet.
Origine : du latin "Camillus". *Signification :* qui sert à l'autel.
Saint Camille est le patron des infirmiers et des infirmières. Il fonda les Camilliens, l'Institut des Clercs Réguliers, ministres des infirmes. Le signe de ralliement des Camilliens était une croix rouge. Cet Institut annonce la Croix-Rouge d'Henri Dunant, philanthrope suisse, prix Nobel de la paix en 1901 qui mourut en 1910 dans la misère. *Dérivé :* Camillia.
Camillia : se fête le 14 juillet. (Voir : Camille.)
Candida : se fête le 3 octobre. (Voir : Candide.)
Candide : se fête le 3 octobre. (Voir : Blanche.)
Candide ou l'Optimisme est un conte philosophique que François Marie Arouet dit Voltaire écrivit en 1759. *Dérivé :* Candida.
Canut : se fête le 10 juillet.
Origine : du danois "Knud", du suédois "Knut". *Signification :* enfant de noble race. C'est le nom popularisé de six rois du Danemark : de Canut Ier (Xe siècle) à Canut VI (XIIe siècle). *Dérivés :* Knut, Knud.
Capucine : se fête le 5 octobre. (Voir : Fleur.)
Carine ou Karine : se fête le 7 novembre.
Origine : du latin "carus". *Signification :* cher au cœur.
Sainte Carine est une martyre du IVe siècle. *Dérivés :* Karell, Karelle, Karen, Karine, Karin, Karina.
Carl : se fête le 4 novembre. (Voir : Charles.)
Carlos : se fête le 4 novembre. (Voir : Charles.)
Juan Carlos est l'actuel roi d'Espagne. Le poète allemand Schiller a composé un drame intitulé "Don Carlos". Cette œuvre en vers en cinq actes date de 1801.
Carlotta : se fête le 2 mars, le 4 novembre, le 17 juillet.
(Voir : Charles.)
Carmela : se fête le 16 juillet. (Voir : Carmen.)
Carmen : se fête le 16 juillet.
Origine : du latin "carmen". *Signification :* chant, poème.
Carmen est un court roman de Mérimée publié en 1845. Le personnage central du livre a inspiré à Georges Bizet un opéra-comique intitulé *Carmen* qui vit le jour trente ans après le roman.
Carole ou Carol : se fête le 17 juillet. (Voir : Charlotte.)
Caroline : se fête le 17 juillet. (Voir : Charlotte.)
La Caroline du Nord et la Caroline du Sud sont deux Etats des Etats-Unis d'Amérique. Les Iles Carolines forment l'archipel le plus étendu de l'Océanie. Une princesse : Caroline de Monaco.
Casimir : se fête le 4 mars.
Origine : du polonais "kas". *Signification :* assemblée.
Saint Casimir, fils du roi de Pologne Casimir III, est le patron de son pays. Il fut canonisé en 1521, soit 37 ans après sa mort. Cinq rois de Pologne ont porté ce prénom.

Cassandre : *Origine :* en grec, “Kassandra”.
Princesse troyenne, fille de Priam et d'Hécube. Elle apparaît dans *Agamemnon* d'Eschyle et *les Troyennes* d'Euripide.
Cassien : se fête le 13 août.
Saint Cassien, maître d'école italien, fut livré mains liées derrière le dos à ses élèves qui le martyrisèrent avec des poinçons, en 304. Il est devenu le patron des instituteurs chrétiens.
Caste : se fête le 22 mai.
Cathel : se fête le 29 avril. (Voir : Catherine.)
Catherine : se fête le 25 novembre.
Origine : du grec “Ekate”, un des surnoms de la déesse Diane, rapidement confondu avec “katharos”. *Signification :* pur.
Prénom à forte résonance chrétienne, qui doit son succès à la popularité de sainte Catherine, née à Alexandrie, fille du roi Costos. Très érudite, elle confond les docteurs païens qui, furieux, la feront torturer, puis décapiter. Bien d'autres traits légendaires et une iconographie importante se sont surajoutées à cette légende fantaisiste et d'origine tardive. Elle est restée la patronne des philosophes et de la faculté de théologie de Paris, ainsi que des jeunes filles comme en témoignent des expressions telles que “Catherinette, coiffer Sainte-Catherine”. Ce nom s'était tout d'abord répandu en Orient et en Russie, en quittant l'Asie Mineure, puis, sous l'influence des croisés, il s'est répandu dans toute l'Europe. Ainsi sera-t-il porté par Catherine de Sienne, dominicaine qui rédigera ses *lettres*, trésor de spiritualité mystique, puis Catherine de Gênes, Catherine Labouré, etc.
Ce nom a également été illustré par des personnages de romans comme Kätchen von Heilbronn de H. von Kleist, et des personnages historiques comme Catherine de Médicis, la Grande Catherine, tsarine de Russie d'origine allemande, Catherine d'Aragon, etc.
Type caractérologique : elles sont d'une grande émotivité, ce qui les rend nerveuses, et elles ne doivent pas confondre action et agitation. Intelligentes, elles ont une bonne mémoire, mais elles manquent de continuité dans l'effort, bien qu'ayant un grand sens de l'adaptation. Elles se fatiguent vite. Riches de possibilités, elles manquent un peu d'humanité. *Dérivés :* Katia, Katarina, Cathleen, Cathie, Kathe, Cathel, Ekaterina, Ketty, Cato.
Cato : se fête le 24 mars, le 19 avril et le 25 novembre.
(Voir : Catherine.)
Cécile : se fête le 22 novembre.
Origine : du latin “caecus”. *Signification :* aveugle. Sainte Cécile, martyre du IIIe siècle, louait Dieu au son d'instruments de musique. On en fit la patronne des musiciens. *Dérivés :* Cécilia, Célia, Sheila.
Cécilia : se fête le 22 novembre. (Voir : Cécile.)
Cedde : se fête le 7 janvier.
Saint Cedde, un des apôtres de l'Angleterre, mourut de la peste en 664.
Dérivé : Cédric.

Cédric : se fête le 7 janvier. (Voir : Cedde.)
Céleste : se fête le 14 octobre. (Voir : Célestin.)
Célestin : se fête le 27 juillet.
Origine : du latin "caelestis". *Signification :* qui vient du ciel, céleste. Saint Célestin Ier fut le 43e pape. Il mourut en 432. Célestin II, le 163e pape, vécut au XIIe siècle, Célestin IV, le 177e pape, au XIIIe siècle. Quant à saint Célestin V, il fut le 190e pape. C'était un ermite. Il se fête le 19 mai. *Dérivés :* Céleste, Célestine.
Célestine : se fête le 19 mai. (Voir : Célestin.)
Célia : se fête le 22 novembre. (Voir : Cécile.)
Célia est le diminutif anglo-saxon de Cécile.
Céline : se fête le 21 octobre.
Origine : du latin "celare". *Signification :* celer, tenir secret. Sainte Céline, mère de saint Remi, vécut au Ve siècle. Un écrivain français, Louis-Ferdinand Destouches, est connu sous le pseudonyme de Céline. *Le voyage au bout de la nuit*, son livre le plus lu, a été publié en 1932, soit vingt-neuf ans avant sa mort.
Celse : se fête le 28 juillet.
Césaire : se fête le 27 août.
Origine : du latin "Caesar", mot dérivé de "caedere", couper. *Signification :* enfant mis au monde par incision. Saint Césaire d'Arles mourut en 542. Aimé Césaire est un poète antillais contemporain. Son recueil *Soleil cou coupé* a été publié en 1948. *Dérivés :* César, Césarine.
César : se fête le 26 août. (Voir : Césaire.)
Jules César est l'homme d'Etat romain le plus célèbre. Son livre *Commentaires de la guerre des Gaules* est au palmarès des écoles. Il fut assassiné en l'an 44 avant Jésus-Christ. Les empereurs romains adoptèrent après lui le titre de César.
Césarine : se fête le 12 janvier. (Voir : Césaire.)
Sainte Césarine était la sœur de saint Césaire d'Arles. Elle mourut en 529.
Chantal : se fête le 12 décembre.
Origine : racine indo-européenne "kant". *Signification :* pierre, moellon. Nom de lieu, puis nom de famille, enfin employé comme prénom. C'est une forme limousine et auvergnate du nom du Cantal.
Jeanne Frémyton née à Dijon, épousa en 1592 Christophe de Rabutin baron de Chantal, dont elle aura six enfants, mais dont elle sera rapidement veuve. Elle s'installe alors à Dijon où elle rencontre saint François de Sales. Elle va ensuite à Annecy où François veut établir une congrégation au service des pauvres et des malades : c'est la Visitation Sainte-Marie. Elle part ensuite à Lyon où l'évêque exige la clôture des Visitandines, qui deviennent des moniales, si bien que la visite aux malades est supprimée. L'ordre se répand en France, en Suisse et au Piémont. Elle est enterrée à Annecy.
Elle comptait saint Bernard parmi ses ancêtres et sera la grand-mère de Mme de Sévigné. Peu répandu à l'étranger, ce prénom a connu une certaine vogue à Paris et dans toute la France entre 1940 et 1965.
Type caractérologique : ce sont des sentimentales très émotives. Elles ont le sens

inné de la beauté, de la poésie, de l'élégance. Elles sont fortement introverties et vivent dans un univers imaginaire. Elles sont très indépendantes, écrivent bien, mais elles aiment le luxe. Elles ont intuition, intelligence, charme et affectivité, mais il ne faut pas les abandonner à elles-mêmes.

Charité : *Origine :* du latin "caritas", "carus". *Signification :* cher.
Prénom inspiré d'une vertu chrétienne, l'amour du prochain.

Charlaine : se fête le 4 novembre. (Voir : Charlène.)

Charlemagne : se fête le 4 novembre. (Voir : Charles.)
Charlemagne, en latin : "Carolus Magnus", signifie Charles le Grand. Ce roi des Francs, fils de Pépin le Bref, fut empereur d'Occident de 800 à 814. Il ne savait pas écrire mais connaissait le grec et le latin. Charlemagne, autodidacte, amateur de grammaire, s'évertua à faire propager les connaissances.

Charlène : se fête le 4 novembre. (Voir : Charles.)

Charles : se fête le 4 novembre.
Origine : du germain "harja". *Signification :* armée.
Ce nom fut porté par de nombreux rois et empereurs, à la suite de Charlemagne. Les Normands l'introduisirent en Angleterre où il devint une tradition chez les Stuart. Aujourd'hui, c'est également le nom du prince de Galles, héritier de la couronne. En Espagne, Carlos, qui est le nom de l'actuel roi, a subi l'influence de Charles Quint. En Suède, le nom de famille Carlsson (fils de Charles) est très fréquent. Enfin, il y a une multitude de personnages historiques qui ont porté ce nom: on connaît Charles Martel, Charles le Chauve, Charles le Téméraire, Charles Darwin, Karl Jaspers, Karl Marx, Charles de Gaulle, etc.
Type caractérologique : ce sont des êtres qui ne vivent que lorsqu'ils se sont fixé un but précis, ils ont une âme de chef, ils savent tout donner à une cause. Ils ont une volonté écrasante, une grande maîtrise, une émotivité qui sait s'adapter, et une activité débordante ! Ils ont une intelligence synthétique et analytique, ce qui est rare.
Dérivés : Charlotte, Charly, Charlot, Carl, Karl, Carlo, Carlos, Caroline, Carole, Cheryl, Lola, Lolita, Chuck, Charlemagne, Charlène, Charlie, Charline.

Charlette : se fête le 17 juillet. (Voir : Charlotte.)

Charley : se fête le 4 novembre. (Voir : Charles.)

Charlie : se fête le 4 novembre. (Voir : Charles.)
Charlie Chaplin, dit Charlot, s'appelait en réalité Charles Spencer.

Charline : se fête le 4 novembre. (Voir : Charles.)

Charlotte : se fête le 17 juillet. (Voir : Charles.)
La bienheureuse Charlotte, doyenne des Carmélites de Compiègne, guillotinée en 1794 sous la Terreur, mourut place de la Nation à Paris, à l'âge de 80 ans. Charlotte est aussi une ville des Etats-Unis située au sud de la Caroline du Nord. Charlotte de Savoie fut la seconde épouse de Louis XI et la mère de Charles VIII et d'Anne de France. Quant à Charlotte de Belgique, impératrice du Mexique, elle fut la fille du roi Léopold Ier dont la première épouse s'appelait Charlotte Augusta. La fille de Léopold III est la princesse Joséphine Charlotte, grande-duchesse du

Luxembourg. Une autre Charlotte nommée Corday passa à la postérité en assassinant un des héros de la Révolution française, Jean-Paul Marat, le 13 juillet 1793, dans sa baignoire.
Dérivés : Carole, Carol, Caroline, Charlette, Arlette.
Charly : se fête le 4 novembre. (Voir : Charles.)
Chérubin : *Origine :* de l'hébreu "keroûbim". *Signification :* taureau ailé. C'est aussi un personnage du *Mariage de Figaro* que l'écrivain français Pierre Auguste Caron de Beaumarchais écrivit en 1784.
Chloé : se fête le 17 juillet.
Origine : du grec "chloé". *Signification :* jeune plante, jeune pousse. Dans l'Antiquité, ce fut le nom d'une enfant trouvée, vivant parmi les bergers, dont les amours furent immortalisées par Maurice Ravel, dans son ballet, *Daphnis et Chloé.*
Chrétien : se fête le 16 décembre. (Voir : Christian.)
Chrétien de Troyes est un poète français du XIIe siècle. Il est notamment l'auteur de *Lancelot ou le Chevalier à la Charrette* et de *Perceval ou le Conte du Graal.*
Chrétienne : se fête le 16 décembre. (Voir : Christian.)
Chris : se fête le 12 novembre. (Voir : Christian.)
Christa : se fête le 12 novembre. (Voir : Christiane.)
Christel ou Christelle : se fête le 24 juillet. (Voir : Christine.)
Christian : se fête le 12 novembre.
Origine : du latin "christianus". *Signification :* chrétien, partisan du Christ. A l'origine, ce prénom fut une profession de foi. Il dérive directement du Christ par le grec "khristos", traduction du mot hébreu signifiant "messie".
Saint Christian était un chef cuisinier polonais, moine de son état. Dix rois de Danemark et de Norvège ont porté ce nom. Un écrivain danois très célèbre, Andersen, se prénommait Hans Christian. Il est l'auteur de *La Petite Sirène.*
Type caractérologique : ce sont des êtres d'une grande activité, des extravertis très ouverts sur le monde. Ils sont assez émotifs, ils ont besoin d'être sécurisés. Ils sont appliqués, ont de la volonté, de la conscience professionnelle, une intelligence synthétique, sont curieux, brillants. Ils sont très affectueux, veulent plaire, ils sont très sociaux, et aiment la vie communautaire et... la bonne cuisine ! Généralement, ils réussissent bien. *Dérivés :* Chrétien, Chrétienne, Chris, Christiane, Christine, Kris.
Christiane : se fête le 12 novembre. (Voir : Christian.)
Sainte Christiane vécut au IVe siècle. Dans certaines villes, elle est fêtée le 15 décembre. L'ancien nom d'Oslo est Christiana. *Dérivé :* Christa.
Christilla : se fête le 24 juillet. (Voir : Christine.)
Christina : se fête le 24 juillet. (Voir : Christine.)
Christine : se fête le 24 juillet. (Voir : Christian.)
Sainte Christine de Bolséna, selon la légende, aurait été suppliciée par son père. Elle avait 14 ans. Son culte date du IVe siècle. Sa tombe aurait été retrouvée en 1880, en Italie. Au Moyen Age, une poétesse, Christine de Pisan, veuve précoce,

traita le thème de la solitude mais pour d'autres raisons que Charles d'Orléans, son contemporain. *Dérivés :* Christel, Christelle, Christilla, Christina, Cristina, Kristina.

Christophe : se fête le 21 août.

Origine : du grec "christophoros". *Signification :* qui porte le christ.

Saint Christophe, patron des voyageurs, des automobilistes, n'est peut-être qu'un saint de légende et rien de plus.

Le Christophe le plus célèbre se nommait Colomb. Ce navigateur d'origine génoise découvrit, pour le compte de l'Espagne, un nouveau monde qui fut appelé Amérique. Cette découverte eut lieu en 1492, quatorze ans avant la mort de ce grand voyageur.

Chrysanthe : se fête le 25 octobre.

Saint Chrysanthe fut enterré vivant avec sa femme en l'an 283.

Chrysostome : se fête le 13 septembre.

Origine : du grec "khrusostomos". *Signification :* bouche d'or. Saint Jean Chrysostome vécut au IVe siècle. Il fut un prédicateur au talent oratoire peu commun.

Cicéron : homme politique et orateur latin du premier siècle avant Jésus-Christ.

Clair : se fête le 2 janvier.

Saint Clair du Rhône, qui vécut au VIIe siècle, a donné son nom à un village de l'Isère qui le vit naître. René Chomette dit René Clair est un cinéaste français connu. Il est entré à l'Académie française en 1960.

Claire : se fête le 11 août.

Origine : du latin "clara". *Signification :* célèbre, illustre. Sainte Claire vécut au XIIIe siècle. Elle fonda l'ordre des Pauvres Dames : les Clarisses.

Dérivés : Clairette, Clara, Clarence, Clarisse.

Clairette : se fête le 11 août. (Voir : Claire.)

Clara : se fête le 11 août. (Voir : Claire.)

Clarembaud : *Origine :* prénom du Moyen Age, du latin "clarus" et du germain "bald". *Signification :* audacieux, illustre.

Clarence : se fête le 12 août. (Voir : Claire.)

Clarisse : se fête le 12 août. (Voir : Claire.)

Claude : se fête le 15 février ou le 6 juin.

Origine : du latin "claudus". *Signification :* boiteux. Saint Claude vécut au VIIe siècle de notre ère. A Rome, c'était le nom d'une famille illustre, ainsi surnommée à cause d'un défaut physique. L'empereur Claude fut l'époux de Messaline puis d'Agrippine qui l'empoisonna. Ce prénom fut très courant en Lorraine, où, au Moyen Age, il donna naissance à un sobriquet péjoratif de paysan "godiche". Il est souvent employé en association avec Jean. Les prunes de la variété reine-claude doivent leur nom à la femme de François Ier.

Type caractérologique : ce prénom double, androgyne, pose des problèmes caractérologiques. Il y a les êtres qui sont attachés à l'endroit où ils vivent, et les autres, plus audacieux. Ce sont des introvertis qui se replient sur eux-mêmes.

Leur volonté est assez faible, tandis que leur émotivité est forte. Ils ont des amitiés nombreuses, mais ils sont susceptibles et redoutent l'échec. Leur activité est moyenne, mais ils ont une grande imagination créatrice. Ils ont des dons remarquables, et leur intelligence est vive. Ils aiment l'indépendance, mais cherchent aussi la protection. Ils ont beaucoup de vitalité. Dans le monde de la musique, le compositeur Claude Debussy a une place de choix. *Pelléas et Mélisande*, l'une des œuvres de ce compositeur français mort en 1918, a été inspirée du drame symboliste du même nom écrit par le poète belge Maurice Maerterlinck en 1892.
Dérivés : Claudia, Claudine, Claudie, Claudette, Claudio, Claudy.
Claudette : se fête le 15 février ou le 6 juin. (Voir : Claude.)
Claudia : se fête le 6 juin. (Voir : Claude.)
Claudie : se fête le 15 février ou le 6 juin. (Voir : Claude.)
Claudine : se fête le 15 février ou le 6 juin. (Voir : Claude.)
Dans le domaine de la littérature française, l'écrivain Sidonie Gabrielle Colette écrivit sa série des *Claudine* de 1900 à 1903. Ces romans furent publiés sous la signature de Willy, pseudonyme de son mari, l'écrivain Gauthier-Villars.
Claudius : se fête le 15 février ou le 6 juin. (Voir : Claude.)
Claudy : se fête le 6 juin. (Voir : Claude.)
Clélia : se fête le 13 juillet.
Origine : du latin "lenita". *Signification :* douce. Des saintes et bienheureuses ont porté ce nom. Parmi elles, la bienheureuse Clélia, mère de famille nombreuse, qui mourut en 1870. Une œuvre de la romancière du XVIIe siècle Madeleine de Scudéry a pour titre : *Clélie*.
Clémence : se fête le 21 mars. (Voir : Clément.)
La bienheureuse Clémence, bénédictine, mourut à Trêves en 1176.
Clément : se fête le 23 novembre.
Origine : du latin "clemens". *Signification :* bon, doux, clément. Saint Clément, le troisième successeur de saint Pierre et le compagnon de saint Paul, fut précipité dans la mer avec une ancre attachée au cou, en 97. Treize autres papes se sont également appelés Clément. Au XVIe siècle, Clément Marot fut un poète de cour connu. *Dérivés :* Clémence, Clémentine.
Clémentine : se fête le 23 novembre. (Voir : Clément.)
Cléopâtre : Origine : du grec "cléos" et de "pater". *Signification :* gloire du père. Plusieurs reines de Macédoine, de Syrie et d'Egypte ont porté ce nom. Néanmoins, la plus célèbre est Cléopâtre VII, reine d'Egypte. Elle épousa son frère Ptolémée XIII avant de devenir la maîtresse de Jules César puis l'épouse d'Antoine. Cléopâtre se fit volontairement mordre par un aspic, rejoignant ainsi dans la mort Antoine qui s'était suicidé. *Antoine et Cléopâtre* est un drame de Shakespeare bâti sur cet épisode de l'histoire romaine.
Clet : se fête le 26 avril. Saint Clet, le 3e pape, mourut en 89. Il avait succédé à saint Lin.
Clodomir : se fête le 1er novembre.
Clodomir, qui vécut au VIe siècle, fut le fils de Clovis.

Clotaire : *Origine :* du dialecte franc. *Signification :* le guerrier. Quatre rois ont porté ce nom : Clotaire Ier, fils de Clovis; Clotaire II, petit-fils du premier; Clotaire III, fils de Clovis II et Clotaire IV, roi d'Austrasie, qui mourut en 719.
Clotilde : se fête le 4 juin.
Origine : du germain "hlod" et "hild". *Signification :* illustre dans le combat. Sainte Clotilde fut l'épouse du roi des Francs Clovis.
Cloud : *Origine :* du haut allemand "hlod-wald". *Signification :* chef illustre. Saint Cloud qui vécut au VIe siècle, fils de Clodomir, se retira dans un ermitage proche de Paris devenu Saint-Cloud. Les habitants sont appelés Clodoaldiens.
Clovis : se fête le 25 août.
Origine : du germain "hlod-wig". *Signification :* illustre guerrier. Clovis est la forme ancienne de Ludovic. Outre Clovis Ier, le plus connu, on trouve dans l'histoire deux autres rois Clovis. Ils vécurent au VIIe siècle.
Colas : se fête le 1er novembre. (Voir : Colette.)
Coletta : se fête le 6 mars. (Voir : Colette.)
Colette : se fête le 6 mars. (Voir : Nicole.)
Colette est un diminutif de Nicole. Sainte Colette Boylet est morte à Gand en 1447. La Colette la plus célèbre en France est la romancière née à Saint-Sauveur-en-Puisaye en 1873 et morte à Paris en 1954. Colette était membre de l'Académie royale de Langue et de Littérature françaises de Belgique.
Dérivés : Colas, Coletta, Colin, Coline, Colinette.
Colin : se fête le 6 décembre. (Voir : Colette.)
Un trouvère de Champagne, Colin Muset, vécut au XIIIe siècle.
Coline : se fête le 6 décembre. (Voir : Colette.)
Colinette : se fête le 6 décembre. (Voir : Colette.)
Colomba : se fête le 31 décembre. (Voir : Colomban.)
Colomba est le titre d'un roman de Mérimée. Cette héroïne indomptable est devenue le symbole de l'âme corse.
Colomban : se fête le 23 novembre.
Origine : du latin "columba". *Signification :* colombe. Saint Colomban, un Irlandais, mourut en 615. Il était prédicateur. *Dérivés :* Colomba, Colombe.
Colombe : se fête le 31 décembre. (Voir : Colomban.)
Sainte Colombe vécut au IIIe siècle.
Côme : se fête le 26 septembre.
Origine : du grec "kosmos". *Signification :* le monde. Saint Côme était un médecin d'origine arabe du IIIe siècle. Son frère fut saint Damien.
Conrad : se fête le 26 novembre.
Origine : du germain"kon" et "rad". *Signification :* de conseil courageux. Saint Conrad fut évêque de Constance au Xe siècle.
Dérivés : Kurt.
Constance : se fête le 8 avril.
Origine : du latin "constantia". *Signification :* persévérante, constante. La bienheureuse Constance mourut à Rome en 1302. Sous Néron, une autre Constance

fut martyrisée. Cette sainte est fêtée le 19 septembre. Trois empereurs romains portèrent ce nom qui était masculin dans l'Antiquité. On trouve aussi deux reines de France : Constance de Castille, la seconde épouse de Louis VII, et Constance de Provence, la troisième femme de Robert II le Pieux. C'est aussi le nom d'un lac. *Dérivés :* Constant, Constantin, Constantine.

Constant : se fête le 23 septembre. (Voir : Constance.)
Saint Constant vécut au Ve siècle. Deux empereurs sont connus sous ce nom. Un écrivain français du début du XIXe siècle, Benjamin Constant, est l'auteur d'un roman intitulé *Adolphe*.

Constantin : se fête le 21 mai. (Voir : Constance.)
Les Eglises d'Orient considèrent Constantin Ier le Grand comme un saint. Cet empereur romain n'eut pourtant pas une existence édifiante. Le 88e pape fut un syrien, Constantin Ier, mort au début du VIIIe siècle. *Dérivés :* Tina, Tino.

Constantine : se fête le 21 mai. (Voir : Constance.)
Constantine est aussi le nom d'une ville d'Algérie.

Coralie : se fête le 18 mai.
Origine : du latin "coralia". *Signification :* qui a un teint de corail. *Dérivés :* Cora, Coraline.

Coraline : se fête le 18 mai. (Voir : Coralie.)

Corentin : se fête le 12 décembre.
Origine : du celtique "kar". *Signification :* ami. Saint Corentin fonda un monastère à Quimper. Il vécut au VIe siècle. Il est très populaire en Bretagne.
Dérivés : Corentine.

Corentine : se fête le 12 décembre. (Voir : Corentin.)

Corinne : se fête le 18 mai.
Origine : du grec "khorê". *Signification :* vierge. *Corinne ou l'Italie* est le titre d'un roman que Madame de Staël écrivit en 1807. Ce fut aussi le nom d'une poétesse grecque, maîtresse de Pindare.

Corneille: se fête le 16 septembre.
Saint Corneille fut le 21e pape. Il vécut au IIIe siècle. En littérature française, on trouve deux Corneille : Pierre, le plus connu, poète dramatique français mort en 1684, et son frère Thomas, lui aussi poète dramatique à l'œuvre nettement moins riche, disparu en 1709. *Dérivé :* Cornélie.

Cornélie : se fête le 16 septembre. (Voir : Corneille.)
Cornélie est le type de la Romaine de grande naissance. Elle fut la fille de Scipion l'Africain.

Cornille : se fête le 16 septembre.
Un des contes d'Alphonse Daudet s'intitule : *Le secret de Maître Cornille*.

Cosme : se fête le 26 septembre.

Crépin : se fête le 25 octobre.
Origine : du latin "crispus". *Signification :* crépu. Saint Crépin, martyr romain, est vénéré à Soissons. Il est le patron des bottiers et des cordonniers.
Dérivé : Crépinien.

Crépinien : se fête le 25 octobre. (Voir : Crépin.)
Crescence : se fête le 15 juin.
Origine : du latin "crescentia". *Signification :* vertu.
Cristina : se fête le 24 juin. (Voir : Christina.)
Cristobal : se fête le 25 juillet et le 21 août. (Voir : Christophe.)
Cunégonde : se fête le 3 mars.
Sainte Cunégonde épousa l'empereur Henri II. Cette impératrice germanique mourut vers 1039. L'empereur fut lui aussi canonisé. Ils n'eurent pas d'enfant, ayant fait vœu d'abstinence.
Cynthia : *Origine :* du mont Kunthos à Délos. C'est l'un des noms de la déesse Diane, née à Délos. Mis à l'honneur à la Renaissance, il est surtout fréquent aujourd'hui aux Etats-Unis.
Cyprien : se fête le 16 septembre.
Origine : du latin "cyprius". *Signification :* originaire de Chypre. Saint Cyprien vécut au IIIe siècle. Evêque de Carthage, il fut décapité. Ses apologies et ses lettres sont d'un grand intérêt historique. Un autre Cyprien dit d'Antioche, martyrisé avec sa compagne Justine, est fêté le 26 septembre.
Cyr : se fête le 8 août.
Origine : du grec "kyrios". *Signification :* seigneur. *Dérivés :* Cyriaque, Cyrille, Cyrus.
Cyrano : *Origine :* prénom issu du nom de famille Cyrano de Bergerac, nom d'un philosophe français du XVIIe siècle, qui inspira Edmond Rostand.
Cyriaque : se fête le 8 août. (Voir : Cyr.)
Cyrille : se fête le 18 mars. (Voir : Cyr.)
Saint Cyrille, évêque de Jérusalem, vécut au IVe siècle. D'autres saints ont porté ce nom : Cyrille d'Alexandrie (Ve siècle) fêté le 27 juin; Cyrille le Philosophe (IXe siècle) dont la fête de l'Eglise latine est fixée au 9 mars et au 6 juin par l'Eglise orthodoxe.
Cyrus : se fête le 8 août. (Voir : Cyr.)
Cyrus fut le nom de plusieurs rois de Perse.

D

Dagobert : *Origine :* du germain "dag-berth". *Signification :* jour brillant. La chanson «le bon roi Dagobert a mis sa culotte à l'envers» se rapporte au roi des Francs, Dagobert Ier, père de Clovis II. Il vécut au VIIe siècle. Son petit-fils devint Dagobert II; il fut le père de la future sainte Adèle. Quant à Dagobert III, il régna sur la Neustrie (dont les villes principales étaient Paris et Soissons) de 711 à 715.
Dahlia : se fête le 5 octobre. (Voir : Fleur.)
Daisy : se fête le 16 novembre. (Voir : Marguerite.)
Daisy est un diminutif anglo-saxon de Marguerite.

Dalila : *Origine :* nom de personne hébraïque. Connue dans la Bible pour avoir livré Samson aux Philistins, immortalisée par Camille Saint-Saëns.
Damase : se fête le 11 décembre.
Saint Damase, dit Damase Ier, fut pape au IVe siècle. Damase II, le 149e pape, vécut au XIe siècle.
Damien : se fête le 26 septembre.
Origine : du grec "Damia". *Signification :* nom de la déesse grecque de la fertilité. Saint Damien et saint Côme, médecins soignant gratuitement, furent martyrisés sous l'empereur Dioclétien. Ils sont devenus héros de légende.
Daniel : se fête le 11 décembre.
Origine : de l'hébreu "dan" et "el". *Signification :* juge et Dieu. C'est au VIIe siècle avant notre ère que vécut le prophète Daniel. Saint Daniel, quant à lui, naquit au début du Ve siècle après Jésus-Christ. Devenu moine, il opta pour le mode de vie des stylites (du grec : "stulos", colonne) : c'étaient des fous de Dieu qui passaient leur existence en haut d'une colonne, exposés au vent et à la pluie. Il vécut près de Constantinople, puis sur une colonne double avec abri que l'empereur lui fit édifier. Des grands venaient le consulter et il leur donnait des conseils sans mâcher ses mots. Il passa 33 ans sur la colonne. Ce nom eut alors une grande popularité en Europe, puis revint à notre époque où il est maintenant moins fréquent. Les écrivains, comme Daniel Defoe (auteur de *Robinson Crusoé*), des acteurs, comme Daniel Auteuil, Danielle Darieux ont choisi ce nom.
Type caractérologique : ils ont un caractère tranquille, ils gardent toujours leur flegme quelles que soient les circonstances. Leur volonté fléchit parfois; ce sont des introvertis, voire des timides, qui n'aiment pas se fâcher.
Ils sont sociables, sont de bons amis. Ils mènent souvent plusieurs entreprises de front, et ont une forte imagination créatrice : ils choisiront des professions qui leur laissent du temps pour peindre, écrire... Ils sont très intuitifs, intelligents, altruistes, fidèles. *Dérivés :* Danièle, Danielle, Dany, Daniela, Dania, Danitza.
Danièle ou Danielle : se fête le 11 décembre. (Voir : Daniel.)
Deux comédiennes françaises : Danielle Darieux et Danièle Delorme.
Daniella : se fête le 11 décembre. (Voir : Danielle.)
Danitza : se fête le 11 décembre. (Voir : Daniel.)
Dante : se fête le 13 décembre.
Dante Alighieri, poète italien mort en 1321, est l'auteur de *La Divine Comédie*, une des œuvres les plus marquantes de la littérature européenne.
Dany : se fête le 11 décembre. (Voir : Daniel.)
Daphné : se fête le 1er novembre.
Origine : du grec "daphnê". *Signification :* laurier. Selon la mythologie, Daphné, une nymphe, fut transformée en laurier par Zeus rendu jaloux par l'amour qu'Apollon vouait à la belle. Une romancière anglaise, Daphné Du Maurier, est très connue du grand public surtout par ses romans d'aventures.
Daria : se fête le 25 octobre. (Voir : Théodore.)
Elle fut martyre de Rome au cours des premiers siècles.

Darie : se fête le 25 octobre.
Sainte Darie et son époux Chrysanthe furent ensevelis sous des amas de terre et de pierres.
Darius : se fête le 25 octobre.
Origine : du perse "Darayavush", en grec "Dareios". Plusieurs rois de Perse ont porté ce nom. Un compositeur français du XXe siècle, Darius Milhaud, a notamment mis en musique des textes de Ronsard, de Claudel, de Jean Cocteau...
David : se fête le 29 décembre.
Origine : de l'hébreu "yadad". *Signification :* tendre aimé. L'histoire de "David et Goliath" est bien connue. Deux David furent rois d'Ecosse aux XIIe et XIVe siècles. Le célèbre peintre français, Jacques Louis David est mort à Bruxelles en 1825. Parmi ses œuvres, citons *La Mort de Socrate*, *Le Serment des Horaces*, *Le Serment du Jeu de Paume*... Un héros de roman, *David Copperfield*, a été immortalisé par Charles Dickens en 1850. *Dérivés :* Davy, Davina.
Davina : se fête le 29 décembre. (Voir : David.)
Davy : se fête le 20 septembre. (Voir : David.)
Le Davy le plus populaire s'appelait Crockett.
Déborah : se fête le 21 septembre.
Origine : de l'hébreu "deborah". *Signification :* abeille. La prophétesse juive Déborah, selon la Bible, était juge.
Dédale : *Origine :* architecte légendaire d'Athènes, il a construit le labyrinthe enfermant le Minotaure. Il s'enfuira avec son fils Icare.
Delphin : se fête le 24 décembre. (Voir : Delphine.)
Saint Delphin fut, au Ve siècle, le premier évêque de Bordeaux.
Delphine : se fête le 26 novembre.
Origine : du latin "delphinus". *Signification :* dauphin de mer. Sainte Delphine de Signe vécut au XIVe siècle. Une actrice française, Delphine Seyrig. *Delphine*, hymne à l'amour de Schubert, est aussi le titre d'un roman de Madame de Staël.
Dérivé : Delphin.
Denis : se fête le 9 octobre.
Origine : du grec "Dionysos". *Signification :* fils de Dieu. Dionysos était le dieu du vin et de la vigne.
Saint Denis, le premier évêque de Paris, fut persécuté au IIIe siècle. On le représente décapité et portant sa tête vers sa tombe. Denis Diderot, écrivain du XVIIIe siècle, français, dirigea les travaux de *L'Encyclopédie*. Quant à Denis Papin, il est célèbre pour avoir inventé la machine à vapeur en 1687.
Cet inventeur français mourut dans la misère. *Dérivé :* Denise.
Denise : se fête le 15 mai.
Sainte Denise mourut sous la flagellation au Ve siècle. Une grande dame du théâtre français : Denise Grey.
Désiré : se fête le 8 mai.
Origine : du latin "desideratus". *Signification :* très désiré. Saint Désiré, évêque de Bourges, vécut au IXe siècle. *Dérivés :* Désirée, Didier.

Désirée : se fête le 8 mai. (Voir : Désiré.)
Dévote : se fête le 9 juin. (Voir : Diane.)
Diane : se fête le 9 juin.
Origine : du latin "Diana", nom d'une déesse. Cette divinité, qui correspond à l'Artémis grecque, est la fille de Jupiter et la sœur d'Apollon. Son père a consenti à ce qu'elle ne se marie jamais : elle chasse donc, en compagnie de ses nymphes. On retrouve dans son nom la racine indo-européenne "dyewdejwo", lumière brillante (qui deviendra plus tard "divinité"), qui a donné Zeus, Deus, Dieu, etc. Ce nom fut très à la mode sous la renaissance, comme l'indique par exemple la belle Diane de Poitiers. En France, on le considère comme réservé aux familles aristocratiques.
Type caractérologique : elles ont un caractère solide, de guerrières. Elles ont une grande force de caractère qui peut aller jusqu'au fanatisme. Leur volonté est explosive, et leur émotivité leur sert de détonateur. Ce sont pourtant des introverties. Elles agissent avec passion, voulant être traitées en égales des hommes : elles ont un grand sens des responsabilités et du commandement. Elles sont très intelligentes, un peu froides, très vite indépendantes, d'un grand dynamisme, et d'une sociabilité qui ne s'exerce que lorsqu'elle est en rapport avec leur profession. Ce sont des maîtresses femmes !
Dérivé : Diana.
Didace : se fête le 13 novembre. (Voir : Diégo.)
Didier : se fête le 23 mai. (Voir : Désiré.)
Saint Didier fut lapidé en 607. Le dernier roi des Lombards s'appelait Didier. Il fut battu par Pépin le Bref puis par Charlemagne en 774.
Dié : se fête le 19 juin. (Voir : Dieudonné.)
Diégo : se fête le 13 novembre.
San Diégo, ermite artisan du XIV*e* siècle, fut apôtre aux îles Canaries. *Dérivé :* Didace.
Dietrich : se fête le 1er juillet. (Voir : Thierry.)
Dietrich est le nom de cinéma que Maria Magdalena von Losch a popularisé en lui accolant le prénom de Marlène. Elle est de nos jours surnommée "L'Ange Bleu" du nom du film qui la rendit célèbre en 1930.
Dieudonné : se fête le 19 juin.
Origine : du latin "deo-datus". *Signification :* voué à Dieu.
Saint Dieudonné, appelé aussi saint Dié, évêque de Nevers, mena une vie d'ermite au VIIe siècle. Saint Adéodat (Dieudonné Ier) fut le 68e pape. Il est fêté le 8 novembre. Dieudonné II, le 77e pape, régna au VIIe siècle.
Dérivés : Déodat, Dié.
Dimitri : se fête le 26 octobre.
Origine : du grec "Dêmêter", nom d'une déesse. Dans la mythologie grecque, Déméter est la déesse de la moisson. Maints grands princes de Russie ont porté ce nom. Saint Dimitri fut un diacre martyrisé en Yougoslavie au cours des premiers siècles.

Diomède : se fête le 1er novembre.
Dans *l'Iliade*, Diomède est le compagnon d'Ulysse. On trouve aussi un roi de Thrace nommé Diomède qui nourrissait ses chevaux de chair humaine... Héraclès, autre héros mythologique, fit dévorer Diomède par ses propres chevaux. C'est du moins ce que dit la légende...
Dion : *Origine :* du grec "Diôné", divinité, mère d'Aphrodite. Dion Chrysostome fut un philosophe grec du IIe siècle. *Dérivé :* Dionne.
Dionne : (Voir : Dion.)
Dirk : se fête le 1er juillet. (Voir : Thierry.)
Divine : *Origine :* du latin "divinus". *Signification :* qui appartient à Dieu, aux dieux.
Dolly : se fête le 6 février. (Voir : Dorothée.)
Dolorès : se fête le 15 septembre.
Origine : de l'espagnol "dolorès". *Signification :* douleurs.
Dérivés : Dolorosa, Lola, Lolita.
Dolorosa : se fête le 15 septembre, jour de la fête de Notre-Dame des Sept Douleurs. (Voir : Dolorès.)
Dominique : se fête le 8 août.
Origine : du latin "dominicus". *Signification :* du Seigneur. Saint Dominique fonda l'ordre religieux des Dominicains près de Toulouse. Il est mort à Bologne en 1221.
Domnin : se fête le 21 juillet.
Saint Domnin était un enfant juif de dix ans, mis à mort en Vendée pour être devenu chrétien.
Donald : se fête le 15 juillet.
Origine : du celtique "da" et "noal". *Signification :* bon Noël. Saint Donald passa sa vie en Ecosse, au VIIIe siècle. Il était le père de neuf filles. Le plus célèbre Donald n'est pas l'un des huit rois d'Ecosse qui portèrent ce nom, mais un canard sorti du crayon de Walt Disney.
Donat : se fête le 24 mai.
Origine : du latin "donatus". *Signification :* donné. *Dérivé :* Donatien.
Donata : se fête le 24 mai. (Voir : Donatien.)
Donatien : se fête le 24 mai. (Voir : Donat.)
Saint Donatien fut martyrisé en même temps que saint Rogatien, vers le IVe siècle, à Nantes.
Donatienne : se fête 24 mai. (Voir : Donatien.)
Dora : se fête le 9 novembre. (Voir : Théodore.)
Doria : se fête le 25 octobre. (Voir : Théodore.)
Dorian : se fête le 25 octobre. (Voir : Théodore.)
Dorian est le diminutif anglo-saxon de Théodore.
Doriane : se fête le 25 octobre. (Voir : Dorian.)
Dorine : se fête le 9 novembre.
Origine : de "doré", patronyme attribué à des orfèvres.
Doris : se fête le 6 février. (Voir : Dorothée.)

Dorothée : se fête le 6 février.
Origine : du grec "dôron" et "theos". *Signification :* don de Dieu. Sainte Dorothée (de Turquie) fut décapitée au IVe siècle. Une autre sainte Dorothée (d'Alexandrie) mourut dans le désert au IIIe siècle. *Dérivés :* Dolly, Dorothy.
Dorothy : se fête le 6 février. (Voir : Dorothée.)
Douglas : *Origine :* du galéique "dush" et "glas".
Signification : eau et sombre. Il désignait à l'origine une rivière. Nom de famille, puis prénom écossais, il est très répandu dans le monde anglo-saxon. Il a notamment été rendu célèbre par Kirk Douglas.
Druon : se fête le 16 avril.
Dulcinée : *Origine :* du latin, "dulcia". *Signification :* doux. Dans *Don Quichotte* de Cervantès, Dulcinée illustra la femme cruelle qui repoussa l'amour du malheureux héros.

E

Eddie : se fête le 18 mars ou le 5 janvier. (Voir : Edouard.)
Eddy ou Edy : se fête le 18 mars ou le 5 janvier. (Voir : Edouard.)
Un des coureurs cyclistes les plus célèbres : Eddy Merckx.
Edgar ou Edgard : se fête le 8 juillet.
Origine : du germain "ed" et "gari". *Signification :* richesse de la lance. Saint Edgar, père de sainte Edith, était roi des Anglo-Saxons. Il vécut au Xe siècle. Trois Edgar célèbres : l'écrivain Edgar Poe, le peintre Edgar Degas, l'homme d'Etat Edgar Faure.
Edi : se fête le 18 mars ou le 5 janvier. (Voir : Edouard.)
Edith : se fête le 16 septembre.
Origine : du saxon "edel". *Signification :* noble. Sainte Edith vécut au Xe siècle. Une chanteuse française célèbre : Edith Piaf.
Edma : se fête le 20 novembre. (Voir : Edmond.)
Edme: se fête le 20 novembre. (Voir : Edmond.)
Saint Edme fut archevêque de Canterbury au XIIIe siècle.
Edmée : se fête le 20 novembre. (Voir : Edmond.)
Edmond : se fête le 20 novembre.
Origine : du saxon "ed" et "mund". *Signification :* protecteur de richesse. Saint Edmond vécut au IXe siècle. Un des deux frères Goncourt se prénommait Edmond. L'auteur de *Cyrano de Bergerac* : Edmond Rostand. *Dérivés :* Edma, Edme, Edmée, Edmonde.
Edmonde : se fête le 20 novembre. (Voir : Edmond.)
Une romancière française : Edmonde Charles-Roux.
Edouard : se fête le 18 mars ou le 5 janvier.
Origine : du saxon "ed" et "wardan". *Signification :* gardien de richesses, régis-

seur. Saint Edouard fut assassiné à l'âge de seize ans sur ordre de sa belle-mère, en l'an 978.
Huit Edouard furent rois d'Angleterre. Un peintre célèbre : Edouard Manet.
Dérivés : Edi, Eddie, Eddy, Edy, Edouardine, Ted, Teddy, Thadée.
Edwige : se fête le 16 octobre.
Origine : du germain "ed" et "wig". *Signification :* combat riche. Sainte Edwige eut sept enfants, dont sainte Gertrude. Elle mourut en l'an 1243. Une comédienne connue : Edwige Feuillère.
Dérivé : Edwin.
Edwin : se fête le 16 octobre. (Voir : Edwige.)
Eglantine : se fête le 23 août. (Voir : Rose.)
Ekaterina : se fête le 29 avril ou le 25 novembre ou le 24 mars. (Voir : Catherine.)
Eléazar : se fête le 1er août.
Saint Eléazar fut martyrisé à Antioche pour avoir refusé de manger de la viande de porc, ce qui était défendu par la loi juive. Il mourut en l'an 167 avant Jésus-Christ.
Electre : *Origine :* du grec "Elektra" : fille d'Agamemnon et de Clytemnestre, sœur d'Oreste et d'Iphigénie. Elle apparaît dans le théâtre de trois grands tragiques grecs : Eschyle, Sophocle et Euripide.
Eléonore : se fête le 25 juin.
Origine : du grec "eleos". *Signification :* compassion.
Sainte Eléonore épousa, à l'âge de quatorze ans, le roi d'Angleterre. Veuve, elle se retira dans une abbaye de Bénédictines et mourut en 1292. Une Eléonore célèbre : Eléonore (dite aussi Aliénor) d'Aquitaine, qui fut reine de France puis d'Angleterre, et mourut en 1202. *Dérivés :* Alienor, Lore, Nora.
Eleuthère : se fête le 15 septembre.
Saint Eleuthère est le patron de la ville belge de Tournai.
Eliane : se fête le 4 juillet. (Voir : Elie.)
Elie : se fête le 20 juillet.
Origine : de l'hébreu "Eliyah". *Signification :* Seigneur Dieu.
Elie fut prophète d'Israël vers le IXe siècle avant Jésus-Christ. *Dérivés :* Eliane, Eliette, Elio, Ella, Ellen, Ellyette, Helyette.
Eline : se fête le 18 août. (Voir Hélène.)
Elisa : se fête le 17 novembre. (Voir : Elisabeth.)
Elisabeth : se fête le 4 juillet ou le 17 novembre.
Origine : de l'hébreu "elisheba". *Signification :* Dieu est mon serment. Dans le Nouveau Testament, elle est la mère de Jean-Baptiste. Ce nom trouva d'abord écho en Méditerranée et en Russie. Il arriva ensuite en France, après l'Espagne et le Portugal, puis alla en Angleterre. Plusieurs reines ont porté ce nom, parmi elles sainte Elisabeth, fille du roi de Hongrie, Elisabeth I et Elisabeth II d'Angleterre. Richard Wagner, dans *Lohengrin*, a repris la forme Else, et Gershwin a repris Bess, dans son célèbre opéra *Porgy and Bess*.

Type caractérologique : ce sont des introverties, qui savent commander et ruser si nécessaire. Leur volonté est forte, organisée. Leur émotivité est assez envahissante. Intuition remarquable, intelligence profonde, sens de l'observation, elles savent réussir lorsqu'elles ont un but précis : elles deviennent alors très dynamiques, et ont une puissance étonnante.
Dérivés : Elizabeth, Elise, Elisa, Lison, Lisette, Bette, Betty, Bess, Bettina, Isabelle, Isabeau, Betsy, Babette, Ilse, Bella, Elisée, Elsa, Léliane, Leslie, Lesly, Liliane, Lily, Lisbeth, Lise, Liz, Lizzie.
Elise : se fête le 17 novembre. (Voir : Elisabeth.)
Elisée : se fête le 14 juin. (Voir : Elise.)
Origine : de l'hébreu "Elishâ". *Signification :* Dieu est mon salut.
Ella : se fête le 1er février. (Voir : Elie.)
Une chanteuse de jazz noire : Ella Fitzgerald.
Ellen : se fête le 1er février. (Voir : Elie.)
Ellenita : se fête le 1er février. (Voir : Ella.)
Elme : se fête le 2 juin. (Voir : Emile.)
Elmire : se fête le 2 juin. (Voir : Emile.)
Elodie : se fête le 22 octobre.
Origine : du latin "alodis". *Signification :* propriété. Sainte Elodie fut décapitée en 851, en Espagne.
Eloi : se fête le 1er décembre.
Origine : du latin "eligius". *Signification :* élu.
Saint Eloi, patron des orfèvres, des travailleurs de la métallurgie et de la ville de Limoges, vécut au VIIe siècle.
Elphège : se fête le 12 mars.
Saint Elphège fut le 1er évêque de Winchester, au Xe siècle.
Elsa : se fête le 17 novembre. (Voir : Elisabeth.)
La compagne d'Aragon : Elsa Triolet.
Elsy : se fête le 17 novembre. (Voir : Elisabeth.)
Elvire : se fête le 16 juillet. (Voir : Alfred.)
Sainte Elvire vécut au XIe siècle.
Une comédienne de renom : Elvire Popesco.
Elvis : se fête le 16 juillet. (Voir : Alfred.)
Le chanteur américain : Elvis Presley, idole du rock.
Elyette : se fête le 20 juillet. (Voir : Elie.)
Emeline : se fête le 27 octobre.
La bienheureuse Emeline vécut au XIIe siècle.
Emerence : se fête le 23 janvier. (Voir : Emeric.)
Emerentienne : se fête le 23 janvier.
Sainte Emerentienne, sœur de sainte Agnès, fut martyrisée en l'an 304.
Emeric : se fête le 4 novembre. (Voir : Eric.)
Saint Emeric, fils de saint Etienne, mourut en 1031 à Budapest. *Dérivés :* Emerence, Imre.

Emile : se fête le 22 mai.
Origine : du latin “aemulus”. *Signification :* rival.
Saint Emile fut brûlé vif au IIIe siècle. Des Emile célèbres : Emile Zola, Emile Littré. Une œuvre de J.-J. Rousseau : *l'Emile*. *Dérivés :* Amèle, Amélie, Ameline, Elme, Elmira, Emilie, Emilien, Emily, Emy, Mia, Miloud.
Emilia : se fête le 19 septembre. (Voir : Emilie.)
Emilie : se fête le 24 août ou le 19 septembre. (Voir : Emile.)
Sainte Emilie de Vialar vécut au XIXe siècle. Sainte Emilie de Rodat mourut en 1852, quatre ans avant la première.
Dérivé : Emilia.
Emilien : se fête le 18 juillet. (Voir : Emile.)
Saint Emilien fut brûlé vif au IVe siècle.
Emily : se fête le 22 mai. (Voir : Emile.)
Emma : se fête le 19 avril. (Voir Emmanuel.)
Sainte Emma fonda de nombreuses abbayes avant de mourir vers 1045. *Madame Bovary*, héroïne du romancier Gustave Flaubert, se prénommait Emma.
Emmanuel : se fête le 25 décembre.
Origine : de l'hébreu “imm-el”. *Signification :* Dieu est avec nous. C'est le nom sous lequel le prophète Isaïe a désigné le Messie dans la Bible. *Dérivés :* Emma, Emmanuelle, Manu, Manuel, Manuella, Manuelle.
Emmeline ou Emeline : se fête le 18 août.
Emy : se fête le 5 janvier. (Voir : Emile.)
Enée : *Origine :* en latin, “Aeneas”; prince troyen autour duquel s'est formée la légende de l'origine troyenne de Rome, reprise par le poète Virgile.
Enguerran : se fête le 25 octobre.
Saint Enguerran fut évêque de Metz au VIIIe siècle.
Enrique : se fête le 13 juillet. (Voir : Henri.)
Ephraïm : *Origine :* personnage biblique.
Ephrem : se fête le 9 juin.
Saint Ephrem fut ermite puis diacre.
Erasme : se fête le 2 juin. Nom d'un humaniste du XVIe siècle.
Eric ou Erik : se fête le 18 mai.
Origine : du germain “ehre” et “rik”. *Signification :* riche en honneurs. Eric Jedvardsson est considéré comme un saint martyr en Suède. De nombreux rois de Suède, de Norvège et du Danemark ont porté ce nom. Un musicien connu : Erik Satie. *Dérivés :* Aymeric, Emeric, Erich, Erick, Ericka, Erika.
Erich ou Erick : se fête le 18 mai. (Voir : Eric.)
Ericka ou Erika : se fête le 18 mai. (Voir : Eric.)
Ermeline : se fête le 16 août. (Voir : Armel.)
Ernest : se fête le 7 novembre.
Origine : du germain “ernst”. *Signification :* sérieux.
Saint Ernest vécut au XIIe siècle. Un écrivain américain, Ernest Hemingway, reçut le prix Nobel en 1954. *Dérivé :* Ernestine.

Ernestine : se fête le 7 novembre. (Voir : Ernest.)
Esmeralda : personnage d'un roman de Victor Hugo écrit en 1831, *Notre-Dame de Paris.*
Espérance : *Origine :* du latin "sperare". *Signification :* espérer. Sainte Espérance fut une vierge romaine martyre du IIe siècle.
Esteban : se fête le 26 décembre.
Estelle : se fête le 11 mai.
Origine : du latin "stella". *Signification :* étoile.
Sainte Estelle, martyre du IIIe siècle, est la patronne d'une école littéraire pratiquant la langue d'oc. *Dérivés :* Etoile, Stella.
Esther : se fête le 1er juillet.
Origine : du perse "ester". *Signification :* étoile. Esther est une héroïne juive de l'Ancien Testament. Racine a écrit une tragédie à partir de ce personnage.
Etienne : se fête le 26 décembre.
Origine : du grec "stephanos". *Signification :* couronne.
Saint Etienne mourut vers l'an 35. Neuf papes ont porté ce nom. Un des frères Montgolfier se prénommait Etienne. *Dérivés :* Etiennette, Fanny, Stéphane, Stéphanette, Stéphanie, Stéphen, Steve.
Etiennette : se fête le 26 décembre. (Voir : Etienne.)
Etoile : se fête le 11 mai. (Voir : Estelle.)
Eubert : se fête le 1er février.
Saint Eubert travailla au maintien de la foi dans le Tournaisis.
Eudes : se fête le 19 août.
Saint Eudes, missionnaire de la Normandie, vécut au XVIIe siècle.
Eugène : se fête le 13 juillet.
Origine : du grec "eugenios". *Signification :* bien né, de noble race.
Saint Eugène de Carthage mourut à Albi vers l'an 505.
Un peintre célèbre : Eugène Delacroix.
Dérivés : Eugénie, Génia.
Eugénie : se fête le 7 février. (Voir : Eugène.)
Une héroïne de Balzac : *Eugénie Grandet.*
Eulalie : se fête le 10 décembre.
Origine : du grec "eulalia". *Signification :* qui a la belle parole.
Sainte Eulalie, très populaire en Espagne, aurait vécu au IIe siècle. *La Cantilène de sainte Eulalie* est l'un des premiers écrits de la littérature française, en langue romane.
Eurydice : *Origine :* du grec "Eurudikê". Epouse d'Orphée, elle est mordue par un serpent et meurt. Orphée ira la chercher, mais il la regarde avant qu'elle ne soit sortie du royaume d'Hadès; elle disparaît alors dans les Enfers.
Eusèbe : se fête le 16 décembre.
Origine : du grec "eusebes". *Signification :* pieux.
Saint Eusèbe mourut en 370. *Dérivé :* Eusébie.
Eusébie : se fête le 16 mars. (Voir : Eusèbe.)

Eustache : se fête le 20 septembre.
Origine : du grec "eustachios". *Signification :* chargé de beaux épis. Saint Eustache semble être un saint légendaire. Un poète célèbre du Moyen Age : Eustache Deschamps.
Eva : se fête le 6 septembre. (voir : Eve.)
Evangeline : se fête le 6 septembre. (Voir : Eve.)
Evariste : se fête le 26 octobre.
Origine : du latin "evagor". *Signification :* se propager.
Saint Evariste fut pape de l'an 97 à l'an 105. *Dérivé :* Evarista.
Eve : se fête le 6 septembre.
Origine : de l'hébreu : "havva". *Signification :* vie. Selon la Bible, la première femme de l'humanité. On trouve une sainte Eve. Elle est la patronne de la ville de Dreux. *Dérivés :* Eva, Evangeline, Evelyne.
Evelyne : se fête le 6 septembre. (Voir : Eve.)
Evrard : se fête le 14 août.
Origine : du germain "eber" et "hard". *Signification :* sanglier vigoureux. Saint Evrard, évêque de Salzbourg, vécut au XIIe siècle.

F

Fabian : se fête le 20 janvier. (Voir : Fabien.)
Fabien : se fête le 20 janvier.
Origine : du latin "Fabius". *Signification :* du nom de cette famille romaine célèbre. Saint Fabien, laïc élu pape en 236, mourut persécuté quatorze ans plus tard.
Dérivés : Fabienne, Fabiola, Fabian.
Fabienne : se fête le 20 janvier. (Voir : Fabien.)
Fabiola : se fête le 27 décembre. (Voir : Fabien.)
Sainte Fabiola, aristocrate romaine, consacra toute sa fortune à la création d'hôpitaux pour pauvres. Elle vécut au IVe siècle. Fabiola est le prénom de l'actuelle reine des Belges.
Fabrice : se fête le 22 août.
Origine : du latin "faber". *Signification :* forgeron.
Saint Fabrice est considéré comme martyr de Tolède. Le héros du roman de Stendhal, *La Chartreuse de Parme*, s'appelle Fabrice del Dongo.
Fanchon : se fête le 9 mars. (Voir : Françoise.)
Fanny : se fête le 26 décembre. (Voir : Etienne.)
Faust : se fête le 15 février. (Voir : Faustin.)
L'histoire de Faust, l'homme qui vendit son âme au diable, date du XVIe siècle. Nombreux sont les compositeurs et auteurs à avoir traité ce thème et mis en exergue le personnage. Citons : Goethe, Valéry, Berlioz, Schumann, Liszt, Gounod, le peintre Delacroix.

Fausta : se fête le 15 février. (Voir : Faustin.)
Faustin : se fête le 15 février.
Origine : de l'alsacien "Faust". *Signification :* qui a de la poigne.
Saint Faustin fut torturé à mort à Brescia en l'an 122.
Dérivés : Faust, Fausta, Faustine.
Faustine : se fête le 15 février. (Voir : Faustin.)
Fédor : (Voir Théodore.)
Fédora : (Voir Théodore.)
Félice : se fête le 7 mars. (Voir : Félicité.)
Félicien : se fête le 9 juin. (Voir : Félix.)
Saint Félicien fut martyrisé à Rome. Son culte date du IVe siècle. Un dramaturge connu : Félicien Marceau.
Félicienne : se fête le 9 juin. (Voir : Félix.)
Félicité : se fête le 7 mars.
Origine : du latin "felicitas". *Signification :* bonheur, chance.
Sainte Félicité n'eut guère de chance puisqu'elle subit le martyre ainsi que ses sept fils dans le courant du IIe siècle. *Dérivé :* Félice.
Félix : se fête le 12 février.
Origine : du latin "felix". *Signification :* heureux, qui a de la chance. Saint Félix vécut au IIIe siècle. Félix Mendelsshon, compositeur allemand, vécut au XIXe siècle. *Dérivés :* Félicien, Félicienne.
Ferdinand : se fête le 30 mai.
Origine : du germain "frithu" et "nanths". *Signification :* homme de paix et courageux. Saint Ferdinand III vécut au XIIe siècle. Nombreux sont les empereurs et les rois qui s'appelèrent Ferdinand. Deux Fernand célèbres : le maréchal Ferdinand Foch, le vicomte Ferdinand Marie de Lesseps qui est à l'origine du creusement du canal de Suez inauguré en 1869. *Dérivés :* Fernand, Fernande.
Fernand : se fête le 27 juin. (Voir : Ferdinand.)
Deux Fernand connus : le fantaisiste Fernand Reynaud, l'auteur dramatique Fernand Crommelynck, dont le chef-d'œuvre, écrit en 1921, s'intitule *Le Cocu magnifique*.
Fernande : se fête le 27 juin. (Voir : Ferdinand.)
Ferréol : se fête le 16 juin.
Saint Ferréol fut martyrisé en l'an 211.
Feuillien : se fête le 31 octobre.
Saint Feuillien, d'origine irlandaise, subit le martyre dans une forêt du Hainaut, non loin de Seneffe. Dans cette région, une bière réputée porte son nom.
Fiacre : se fête le 30 août.
Origine : ce prénom fut populaire dès le VIIe siècle, époque où vécut saint Fiacre, un ermite d'Irlande venu s'établir en Seine-et-Marne, à Saint-Fiacre-en-Brie. Saint Fiacre est le patron des maraîchers.
Fidèle : se fête le 24 avril.
Origine : du latin "fidelis". *Signification :* fidèle.

Saint Fidèle, docteur en philosophie devenu capucin, fut mis à mort après qu'il eut distribué ses biens aux pauvres. Perpétré par des protestants, cet assassinat eut lieu en 1622. Un Fidel célèbre : Castro, le révolutionnaire cubain.
Firmin : se fête le 11 octobre.
Origine : du latin "firmus". *Signification :* ferme, énergique.
Saint Firmin fut évêque d'Amiens au IVe siècle.
Flavia : se fête le 7 mai. (Voir : Flavien.)
Flavian : se fête le 7 mai. (Voir : Flavien.)
Flavie : se fête le 7 mai. (Voir : Flavien.)
Flavien : se fête le 18 février.
Origine : du latin "flavius". *Signification :* blond.
Saint Flavien fut patriarche de Constantinople au Ve siècle. *Dérivés :* Flavia, Flavian, Flavienne, Flavie.
Flavienne : se fête le 18 février. (Voir : Flavien.)
Fleur : se fête le 5 octobre.
Sainte Fleur, issue d'une famille de dix-neuf enfants, mourut en 1347. Elle est la patronne de ceux qui portent un nom de fleur.
Flora : se fête le 24 novembre.
Origine : du latin "flos, floris". *Signification :* fleur.
Sainte Flora, native de Cordoue, vécut au Xe siècle. *Dérivés :* Flore, Florence, Florent, Florentin, Florentine, Florestine, Florian, Floriane, Floriante, Florien, Florimond, Floriza, Flory.
Flore : se fête le 24 novembre. (Voir Flora.)
Florence : se fête le 1er décembre. (Voir : Flora.)
Sainte Florence était la sœur de saint Isidore et de saint Léandre. Florence est le nom d'une ville d'Italie.
Florent : se fête le 4 juillet. (Voir : Flora.)
Saint Florent, le septième évêque de Strasbourg, mourut vers l'an 600.
Florentin : se fête le 24 octobre. (Voir : Florent.)
Saint Florentin, disciple de saint Césaire, vécut au VIe siècle.
Florentine : se fête le 24 octobre. (Voir : Florent.)
Florian : se fête le 4 mai. (Voir : Flora.)
Saint Florian, un Romain, fut noyé en l'an 304. On invoque sa mémoire lors des incendies, des inondations.
Un grand fabuliste français du XVIIIe siècle : Jean-Pierre Claris de Florian né au château de Florian (Sauve, Languedoc).
Floribert : se fête le 27 avril.
Saint Floribert fut évêque de Liège; il succéda à son père, saint Hubert.
Florien : se fête le 4 mai. (Voir : Florian.)
Florimond : se fête le 1er mai. (Voir : Flora.)
Florine : se fête le 1er mai (Voir : Florian.)
Sainte Florine fut martyrisée dans une vallée du Puy-de-Dôme.
Fortunat : se fête le 23 avril. (Voir : Fortune.)

Saint Fortunat, évêque de Lyon, partit évangéliser Valence. Il y fut décapité au IIIe siècle.
Fortune : se fête le 23 avril.
Origine : du latin "fortunatus". *Signification :* favorisé par la chance, fortuné. *Dérivés :* Fortunat, Fortunée.
France : se fête le 9 mars. (Voir : François.)
C'est le diminutif occitan de Françoise.
Francine : se fête le 9 mars.
C'est le diminutif méridional de Françoise.
Francis : se fête le 4 octobre.
C'est le diminutif méridional de François. Des Francis connus : Francis Carco, Francis Jammes, le compositeur Francis Poulenc.
Francisque : se fête le 4 octobre. (Voir : François.)
Franck ou Frank : se fête le 4 octobre. (Voir : François.)
Un Frank célèbre aux Etats-Unis... et dans le monde, l'acteur et chanteur Frank Sinatra. Un réalisateur de cinéma américain d'origine italienne : Frank Capra.
François : se fête le 24 janvier ou le 4 octobre.
Origine : du germain "frank". *Signification :* courageux, intrépide, confondu dès l'origine avec l'ethnie des Francs.
Au départ, François signifie Français, du pays de France, pays des Francs. De très nombreux saints ont porté ce nom, les plus célèbres étant saint François d'Assise qui, né en Italie, apprend le français pour servir les affaires de son père. Il finit par renoncer à tous ses biens, fonde l'ordre des Frères Mineurs, les Franciscains, ordre mendiant, vivant dans l'esprit de l'Evangile, la joie, la pauvreté, l'amour de la nature, et prêchant Jésus-Christ. Célèbre également, saint François de Sales, qui est né en Savoie, et après des études à Paris, devient missionnaire en Suisse. Il fondera avec sainte Jeanne de Chantal une congrégation religieuse, les Visitandines.
Ce nom est donc très populaire dans tous les pays européens, et en Orient, désigne l'ensemble des Européens. De très nombreux souverains ont également illustré ce prénom, tel François Ier, l'empereur François-Joseph, des écrivains et poètes comme François Villon, François Rabelais, François Fénelon, François Mauriac, un comédien François Périer.
Type caractérologique : ils ont l'air réservé, mais ils connaissent en fait une lutte intérieure entre une aspiration mystique et une tentation matérialiste. Ce sont des introvertis, qui sont volontaires jusqu'à l'entêtement. Ils sont très persévérants dans leur travail, ont une intelligence remarquable, vive.
Dérivés : Françoise, France, Francis, Francine, Franck, Frankie, Francelin, Franklin, Paquito.
Françoise : se fête le 9 mars. (Voir : François.)
Sainte Françoise se maria à douze ans et eut plusieurs enfants. Elle forma ensuite les Oblats de Marie, et devenue veuve, elle devint supérieure de couvent. Cette mystique mourut en 1440.

La marquise de Maintenon, qui épousa le poète Scarron avant de devenir l'épouse de Louis XIV, s'appelait en réalité Françoise d'Aubigné. Une romancière française d'origine belge : Françoise Mallet-Joris. *Dérivés* : Franchon, France, Francette.

Frankie : se fête le 4 octobre. (Voir : François.)

Franklin : se fête le 4 octobre. (Voir : François.)

Le 32e président des Etats-Unis d'Amérique s'appelait Franklin Roosevelt. Il mourut en 1945. Quant à Benjamin Franklin, il fut notamment l'inventeur du paratonnerre en 1752.

Frantz : se fête le 4 octobre. (Voir : François.)

Franz ou Frans : se fête le 4 octobre. (Voir : François.)

C'est l'équivalent germanique de François. Deux compositeurs classiques portent ce prénom : Franz Schubert, l'Autrichien, et Franz Liszt, le Hongrois; de même l'écrivain tchèque d'expression allemande : Franz Kafka mort dans un sanatorium en 1924.

Fred : se fête le 18 juillet. (Voir : Frédéric.)

Freddy : se fête le 18 juillet. (Voir : Frédéric.)

Freddy, comme Fred, est un diminutif de Frédéric.

Frédéric : se fête le 18 juillet.

Origine : du germain "fired" et "ic". *Signification* : protecteur puissant. C'est un prénom médiéval germanique qui a beaucoup de succès en Europe. En Allemagne, il fut le prénom de grands souverains comme Frédéric Barberousse (XIIe siècle), Frédéric II (XIIIe siècle), Frédéric-Guillaume de Prusse (XVIIIe siècle) et Frédéric II le Grand (XVIIIe siècle). D'autres hommes illustres l'ont porté, comme Schiller, Nietzsche, Chopin. Durant la Première Guerre mondiale, le "Fritz" finit par désigner tous les Allemands aux yeux des Français et des Anglais. Il est très à la mode aujourd'hui.

Dérivés : Frédérique, Frédérica, Friedric, Fritz, Fred, Freddy, Frida.

Frédérique : se fête le 18 juillet. (Voir : Frédéric.)

Frida ou Frieda : se fête le 18 juillet. (Voir : Frédéric.)

Fulbert : se fête le 10 avril.

Saint Fulbert, dès 1020, participa à la construction de la cathédrale de Chartres. Il était évêque de cette ville.

Fulgence : se fête le 1er janvier.

Saint Fulgence, écrivain latin, devint évêque de Ruspe. Il fut exilé et fonda, en Sardaigne, le monastère de Cagliari. Il mourut en 533.

G

Gabin : se fête le 19 février.

Saint Gabin, père de sainte Suzanne, fut prêtre de Rome.

Gabriel : se fête le 29 septembre.
Origine : de l'hébreu "gabar" et "el". *Signification :* force de Dieu.
Saint Gabriel, l'un des trois archanges de la Bible, est le patron des Postes et télécommunications.
Le compositeur Fauré qui mourut en 1924 se prénommait Gabriel. *Dérivés :* Gabrielle, Gaby.
Gabrielle : se fête le 29 septembre. (Voir : Gabriel.)
La romancière Colette se prénommait Gabrielle.
Gaby : se fête le 29 septembre. (Voir : Gabriel.)
Une actrice connue : Gaby Morlay.
Gaël : se fête le 17 décembre.
Origine : de l'irlandais "Gaels, Galls, Gaehed".
Signification : qui vient de l'Irlande. *Dérivés :* Gaëla, Gaëlle.
Gaëla : se fête le 17 décembre. (Voir : Gaël.)
Gaëlle : se fête le 17 décembre. (Voir : Gaël.)
Gaëtan : se fête le 7 août.
Origine : du latin "caietanus". *Signification :* qui habite Gaète.
Saint Gaëtan, qui se dévoua pour les pauvres, fut appelé le "chasseur d'âmes". Il s'éteignit en 1547.
Gaëtane : se fête le 8 août. (Voir : Gaëtan.)
Gall : se fête le 16 octobre. (Voir : Gallien.)
Gallien : se fête le 16 octobre.
Origine : du latin "Gallienus". *Signification :* du nom d'un empereur romain du IIIe siècle. *Dérivé :* Gall.
Gaspard : se fête le 2 janvier.
Origine : du latin "gaspardus". *Signification :* qui vient voir.
Gaspard fut l'un des trois rois mages, le Noir qui portait l'encens. Saint Gaspard vécut entre 1786 et 1836.
Gaston : se fête le 6 février.
Origine : du germain "gast". *Signification :* hôte.
Saint Gaston, évêque d'Arras, apprit le catéchisme à Clovis. Rouletabille et Chéri-Bibi sont deux personnages du romancier français Gaston Leroux, disparu en 1927.
Gatien : se fête le 18 décembre.
Saint Gatien, au début du IVe siècle, fut évêque de Tours.
Gaubert : *Origine :* du germain "gaut-berth". *Signification :* brillant.
Gaud : se fête le 20 juillet.
Gaudeline : se fête le 20 juillet. (Voir : Gaud.)
Gautier ou Gauthier : se fête le 9 avril.
Origine : du germain "waldan" et "heri". *Signification :* chef d'armée qui gouverne. Saint Gauthier vécut au XIe siècle.
Gauvin : *Origine :* du vieux gallois "gwalchami". *Signification :* faucon de la plaine. Dans la tradition galloise, c'est le neveu du roi Arthur.

Géminien : se fête le 16 septembre.
Saint Géminien fut martyrisé en l'an 305.
Genès : se fête le 3 janvier. (Voir : Genest.)
Genest : se fête le 3 janvier.
Saint Genest fut martyrisé au IIIe siècle. Son destin a inspiré Rotrou (poète dramatique français) dont la tragédie s'intitule précisément *Saint Genest*. Elle fut composée en 1646. *Dérivé :* Genès.
Geneviève : se fête le 3 janvier.
Origine : du germain "geno" et "wîfa". *Signification :* dame racée.
Sainte Geneviève vécut à Paris où elle mourut en l'an 510.
Gengoul : se fête le 11 mai.
Saint Gengoul se fit assassiner par son épouse en l'an 760. Ses reliques sont vénérées à Florennes.
Geoffrey : se fête le 8 novembre. (Voir : Geoffroy.)
Geoffroy : se fête le 8 novembre.
Origine : du germain "gaut" et "frid". *Signification :* paix de Dieu. Saint Geoffroy fut évêque d'Amiens. Il mourut au XIIe siècle. *Dérivés :* Geoffrey, Godefroy, Godefroi.
Georges : se fête le 23 avril.
Origine : du grec "gê" et "ergon". *Signification :* terre et travail.
Présenté avec une cuirasse de chevalier, saint Georges triompha d'un célèbre dragon qui dévastait la Libye. Mais cette légende, de pure fantaisie, s'est encore renforcée avec les croisades, témoin *La Légende dorée* du XIIIe siècle. C'est le patron national de l'Angleterre, associé au cycle arthurien. Sa légende s'est rapidement superposée à celle de Persée délivrant Andromède, à celle d'Apollon délivrant Delphes du serpent Python, à Hercule, à Siegfried, etc. L'étymologie de son nom le désigne comme un agriculteur, et le fait jouer un rôle dans des rites de fertilité printanière. Ce nom a été porté par plusieurs souverains hanovriens, mais il est aussi le patron de la Sicile, de la Catalogne, du Portugal, et de la Géorgie.
Dérivés : Georgette, Georgina, Georgia, Georg, Jörg, Jürgen, Georgy, Jorge, Youri.
Georgetta : se fête le 15 février. (Voir : Georgette.)
Georgette : se fête le 15 février. (Voir : Georges.)
Georgia : se fête le 15 février. (Voir : Georges.)
Sainte Georgia, vierge pieuse, vécut au VIe siècle en France.
Georgina : se fête le 15 février. (Voir : Georges.)
Georgine : se fête le 15 février.
Georgy : se fête le 23 avril. (Voir : Georges.)
Gérald : se fête le 5 décembre.
Origine : du germain "ger" et "waldan". *Signification :* qui gouverne par la lance.
Saint Gérald est mort en 1109. On dit qu'il fut étendu sur un linceul de cendres.
Dérivé : Géraldine.
Géraldine : se fête le 5 décembre. (Voir : Gérald.)

Gérard : se fête le 3 octobre.
Origine : du germain "ger" et "hard". *Signification :* dur au maniement de la lance. Saint Gérard, évêque de Tours, mourut en 924. D'autres saints Gérard sont connus. Deux Gérard célèbres : le poète Gérard de Nerval (qui se pendit à un réverbère en 1855) et Gérard Philippe, le comédien. *Dérivés :* Gérardin, Gérardine, Géry.
Gérardin : se fête le 3 octobre. (Voir : Gérard.)
Gérardine : se fête le 3 octobre. (Voir : Gérard.)
Géraud : se fête le 13 octobre.
Origine : du germain "ger-wald". *Signification :* régisseur. Saint Géraud, comte d'Aurillac, dans le Cantal, homme juste et humble, mourut aveugle en l'an 909.
Germain : se fête le 28 mai.
Origine : du germain "ger-hard", en latin "germanus". *Signification :* guerrier de même race.
Saint Germain naquit à Auxerre vers 378. Il devint évêque de la ville.
Dérivés : Germaine.
Germaine : se fête le 15 juin. (Voir : Germain.)
Sainte Germaine Cousin, fille de paysans, eut une vie familiale pénible. Elle mourut en 1601.
Gérome : se fête 30 septembre. (Voir : Jérôme.)
Géronima : se fête 30 septembre. (Voir : Jérôme.)
Géronimo : se fête 30 septembre. (Voir : Jérôme.)
Gertrude : se fête le 16 novembre.
Origine : du germain "gari" et "trud". *Signification :* lance fidèle.
Sainte Gertrude, d'origine allemande, mourut vers 1301.
D'autres saintes du même nom sont connues, dont l'une à Nivelles.
Gervais : se fête le 19 juin.
Origine : du grec "gherazein". *Signification :* honorer.
Saint Gervais est un martyr du IVe siècle. On dit que ce fut saint Ambroise qui en découvrit les reliques à Milan. Une ville de Haute-Savoie : Saint-Gervais.
Dérivé : Gervaise.
Gervaise : se fête le 19 juin. (Voir : Gervais.)
Gervaise est le nom d'une héroïne du roman *L'Assommoir* du romancier Emile Zola. L'œuvre fut publiée en 1877.
Géry : se fête le 11 août. (Voir : Gérard.)
Origine : du germain "gari". *Signification:* lance.
Saint Géry, évêque de Cambrai, mourut en 625. Une localité du Hainaut belge : Solre-Saint-Géry.
Ghislain : se fête le 10 octobre.
Origine : du germain "gisil". *Signification :* pousse, rejeton.
Saint Ghislain fonda un monastère près de Mons au VIIe siècle. Saint-Ghislain est une localité hennuyère.
Ghislaine : se fête le 10 octobre. (Voir : Ghislain.)

Gil : se fête le 1er septembre. (Voir : Gilles.)
Gilbert : se fête le 4 février et le 7 juin.
Origine : du germain "ghil" et "berth". *Signification :* flèche brillante. Saint Gilbert, ami de saint Thomas Becket, vécut au XIIe siècle. Deux Gilbert connus : le chanteur Gilbert Bécaud, le romancier Gilbert Cesbron. *Dérivé :* Gilberte.
Gilberte : se fête le 11 août. (Voir : Gilbert.)
Sainte Gilberte fut abbesse au VIIe siècle.
Gilda : se fête le 29 janvier.
Origine : du germain "geld". *Signification :* valeur, paiement.
Gildas : se fête le 29 janvier.
Origine : du celte "gildas". *Signification :* compagnon, ami.
Saint Gildas vécut au VIe siècle. *Dérivé :* Gildase.
Gildase : se fête le 29 janvier. (Voir : Gildas.)
Gilles : se fête le 1er septembre.
Origine : du germain "ghil". *Signification :* otage.
Saint Gilles, Athénien de naissance, se retira dans une forêt du Midi de la France après avoir distribué ses biens aux pauvres. Bientôt, des fidèles et lui fondèrent un monastère dont il assuma la direction. Il mourut en 725.
Un Gilles tristement célèbre : Gilles de Rais, mieux connu sous l'appellation de Barbe-Bleue. *Dérivés :* Gil.
Gina : se fête le 21 juin. (Voir : Régine.)
Une actrice italienne connue : Gina Lollobrigida.
Ginette : se fête le 21 juin. (Voir : Gina.)
Gino : se fête le 21 juin. (Voir : Gina.)
Un coureur cycliste italien très renommé : Gino Bartali. Un acteur de même nationalité : Gino Cervi.
Giraud : se fête le 20 avril.
Saint Giraud fut ermite. Il fonda des monastères en Dordogne. Il est mort le 20 avril 1120.
Gisèle ou Giselle : se fête le 7 mai.
Origine : du germain "ghil" et "gisil". *Signification :* otage ou flèche, selon l'origine choisie. La bienheureuse Gisèle, sœur de saint Henri, fut l'épouse de saint Etienne de Hongrie. Veuve, elle mourut dans un couvent vers l'an 1060.
Le symbole du ballet romantique est *Giselle* d'Adolphe Adam. Il fut représenté pour la première fois en 1841.
Gladys : se fête le 29 mars.
Glenn : *Origine :* du celtique "geln". *Signification :* terre, pays, vallée. Un des premiers cosmonautes américains s'appelait John Glenn.
Gloria : *Origine :* du latin "gloria". *Signification :* gloire. Nom fort répandu aux Etats-Unis.
Gobert : se fête le 2 mai.
Origine : du germain "gaut" et "bert". *Signification :* nom de divinité et brillant. Se retrouve beaucoup dans les noms de famille.

Godefroy ou Godefroi : se fête le 13 janvier. (Voir : Geoffroy.)
Saint Godefroy, mort en 1127, changea son château en monastère. Godefroi IV de Boulogne est mieux connu sous le nom de Godefroi de Bouillon. Il conduisit les chevaliers de la Meuse et du Rhin à la première croisade.
Golda : Nom hébraïque, rendu célèbre par madame Golda Meir.
Gontier : se fête le 28 mars. (Voir : Gontran.)
Gontran : se fête le 28 mars.
Origine : du germain "gund" et "harban". *Signification :* corbeau de guerre, vaillant guerrier. Saint Gontran fut roi de Bourgogne. Il vécut au VIe siècle.
Dérivé : Gontier.
Gonzague : se fête le 21 juin.
Patronyme de saint Louis de Gonzague, membre de la famille des Gonzague, une des plus célèbres d'Italie.
Grâce : se fête le 21 août.
Origine : du latin "gratia". *Signification :* grâce, gracieuse. Sainte Grâce portait le nom de Zaïde. Elle fut martyrisée au XIIe siècle.
Grâce de Monaco, décédée accidentellement en 1982, était actrice américaine sous le nom de Grace Kelly. *Dérivés :* Gracieuse, Gracieux, Graziella.
Gracieuse : se fête le 21 août. (Voir : Grâce.)
Gracieux : se fête le 21 août. (Voir : Grâce.)
Ce fut le nom attribué à l'un des sept nains du conte populaire centré sur Blanche-Neige.
Graziella : se fête le 21 août. (Voir : Grâce.)
C'est le nom de l'héroïne d'un récit écrit par le poète Alphonse de Lamartine en 1852. Il s'agissait d'un récit autobiographique.
Grégoire : se fête le 3 septembre.
Origine : du grec "egrêgorien". *Signification :* qui veille. Saint Grégoire le Grand naquit à Rome. Il fut élu pape et mourut dans sa ville natale en 604. Seize Grégoire devinrent papes. Raspoutine se prénommait Grégoire.
Dérivés : Grégory, Gringoire.
Grégory : se fête le 3 septembre. (Voir : Grégoire.)
Un acteur américain : Grégory Peck.
Gringoire : se fête le 3 septembre. (Voir : Grégoire.)
Gudule : se fête le 8 janvier.
Sainte Gudule, patronne de Bruxelles, fut élevée au monastère de Nivelles par sa marraine, sainte Gertrude.
Guénolé : se fête le 3 mars.
Saint Guénolé, moine du Ve siècle, vécut dans le Finistère.
Guibert : se fête le 23 mai.
Saint Guibert a fondé un monastère bénédictin à Gembloux au Xe siècle.
Dérivé : Guilbert.
Guido : se fête le 12 juin. (Voir : Guy.)
Un poète flamand : Guido Gezelle.

Guidon : se fête le 13 septembre.
Saint Guidon est né à Anderlecht. Il fut berger puis sacristain. Il mourut à Laeken en 1012.
Guilbert : se fête le 23 mai. (Voir : Guibert.)
Guillaume : se fête le 10 janvier.
Origine : du germain "will" et "helm". *Signification :* qui a la volonté de protéger. Saint Guillaume, neveu de Pierre l'Ermite, devint évêque de Bourges. Il est mort en 1209. Mais il y eut d'autres saints Guillaume ! Des empereurs et des rois ont porté ce nom. Un musicien et poète du Moyen Age : Guillaume de Machaut. Au XXe siècle français : Guillaume Apollinaire. *Dérivés :* Bill, Billy, Ghislain, Guillaumette, Guillemette, Guillemine, William, Willy.
Guillaumette : se fête le 10 janvier. (Voir : Guillaume.)
Guillemette : se fête le 10 janvier. (Voir : Guillaume.)
Guillemine : se fête le 10 janvier. (Voir : Guillaume.)
Gustave : se fête le 7 octobre.
Origine : du germain "gustav". *Signification :* celui qui prospère. Saint Gustave vécut au VIe siècle, près de Bourges. Six rois de Suède ont porté ce nom. Deux Gustave connus : le romancier réaliste Gustave Flaubert et le graveur Gustave Doré.
Gustin : se fête le 29 février. (Voir : Auguste.)
Guy ou Gui : se fête le 12 juin.
Origine : du germain "wid". *Signification :* guide forestier.
Saint Guy Vignotelli vécut, en franciscain, au XIIIe siècle. Un écrivain du XIXe siècle : Guy de Maupassant, l'auteur de *Boule de Suif*, en 1880. *Dérivés :* Guido.
Gwendoline : se fête le 14 octobre.
Sainte Gwendoline fut abbesse au pays de Galles. *Dérivés :* Gwenola, Gwenolé.
Gwenn : se fête le 18 octobre.
Signification : blanche.
Sainte Gwenn fut la mère de saint Guénolé.
Gwennaël ou Gwenaël : se fête le 3 novembre.
Saint Gwennaël vécut au VIe siècle dans le Morbihan.
Gwennaëlle : se fête le 3 novembre. (Voir : Gwennaël.)
Gwenola ou Gwenole : se fêtent le 3 mars. (Voir : Gwendoline.)

H

Hadelin : se fête le 13 février.
Saint Hadelin vécut au VIIe siècle.
Hadrien : se fête le 8 septembre. (Voir : Adrien.)
Hamilcar : *Origine :* mot phénicien. *Signification :* grâce au Dieu Malkart. Général carthaginois, père d'Hannibal.

Hannibal : *Origine :* mot phénicien. *Signification :* grâce au Dieu Baal. Hannibal, général et homme d'Etat de Carthage, est considéré comme l'un des plus grands chefs guerriers de l'Antiquité. Il mourut en l'an 183 avant Jésus-Christ.
Hans : se fête le 24 juin ou le 27 décembre. (Voir : Jean.)
Un conteur danois célèbre : Hans Christian Andersen.
Harald : se fête le 1er octobre. (Voir : Harold.)
Harold : se fête le 1er novembre.
Ce roi du Danemark fut baptisé et devint un propagateur du christianisme dans son pays. Il fut tué à la fin du Xe siècle. Deux rois d'Angleterre ont porté ce nom: Harold Ier, dit "Pied de Lièvre", au XIe siècle, et Harold II, qui mourut à la bataille d'Hastings, en 1066, vaincu par Guillaume Ier le Conquérant.
Harry : se fête le 13 juillet. (Voir : Henry.)
Hector : se fête le 1er novembre.
Origine : du grec "ekhein". *Signification :* qui possède fermement.
Dans la mythologie grecque, Hector fut l'époux d'Andromaque. Homère, dans *l'Iliade*, loua ce héros troyen. Il fut tué par Achille. Hector Berlioz fut un compositeur français du XIXe siècle. On lui doit notamment une symphonie intitulée *Harold en Italie*. Son premier chef-d'œuvre fut, en 1830, la *Symphonie fantastique*. *Dérivé :* Hectorine.
Hectorine : se fête le 1er novembre. (Voir : Hector.)
Hedwige : se fête le 16 octobre.
Origine : de l'anglo-saxon "ead-wing". *Signification :* la conquérante heureuse. Sainte Hedwige, après avoir été duchesse de Pologne, soigna les lépreux et se retira dans un couvent afin d'y mourir, en 1243.
Helda : se fête le 17 novembre.
Origine : alsacienne. *Signification :* héros preux.
Héléna : se fête le 18 août. (Voir : Hélène.)
Hélène : se fête le 18 août.
Origine : du grec "hêlios". *Signification :* éclat du soleil.
Dans la mythologie, la belle Hélène de Troie était l'épouse de Ménélas. Son enlèvement par le beau Pâris déclencha la guerre de Troie.
Sainte Hélène vécut d'abord en concubinage avec un empereur. Son fils Constantin devint, lui aussi, empereur. Convertie, elle fit un pélerinage en Terre Sainte. Elle mourut en 327. La seconde épouse du peintre Rubens s'appelait Hélène Fourment.
Dérivés : Elina, Eline, Héléna, Hélénia, Réna, Rénaic, Nella, Nellia, Nelly.
Hélénia : se fête le 18 août. (Voir : Hélène.)
Héloïse : se fête le 1er novembre.
Abbesse du XIIe siècle, Héloïse fut l'épouse d'Abélard, lequel fut émasculé puis moine (comme le dit la chanson). Au XVIIIe siècle, Jean-Jacques Rousseau écrivit un remarquable roman épistolaire intitulé *La Nouvelle Héloïse*.
Henri : se fête le 13 juillet.
Origine : du germain "heim" et "ric". *Signification :* maison, foyer puissant. Saint

Henri, duc de Bavière, fut couronné par le pape et devint empereur du Saint Empire germanique.
Ce nom a été très populaire dès le Moyen Age. En France, il a connu la célébrité grâce à Henri le Grand, puis grâce à Henri IV le Béarnais. Il a aussi été porté par des personnages littéraires, comme Heinrich von Ofterdingen, de Novalis, Riquet, dans Riquet à la Houppe, de Charles Perrault. En Angleterre, plusieurs souverains se prénommèrent Henry, dont Henry VIII qui fonda l'Eglise anglicane.
Dérivés : Henriette, Harry, Heinrich, Enrico, Heinz, Ritz, Enzo, Enrique, Rik.
Henriette : se fête le 13 juillet. (Voir : Henri.)
Herbert : se fête le 20 mars.
Origine : du germain "hari" et "berth". *Signification :* armée brillante. Saint Herbert vécut sur une île d'un lac, où il mourut en 687.
Un chef d'orchestre célèbre : Herbert von Karajan.
Hercule : se fête le 1er novembre.
Origine : du grec "Hêraklês". C'est pour sa force et ses extraordinaires Douze Travaux que ce demi-dieu de la mythologie est connu.
Hermès : se fête le 28 août.
Saint Hermès fut martyrisé à Rome en 116. Hermès est le nom du dieu grec du Commerce.
Hervé : se fête le 17 juin.
Origine : du celtique "hear" et "ber". *Signification :* fort et ardent au combat. Saint Hervé, né aveugle, se fit ermite breton. Il est devenu le patron des bardes de Bretagne, comme l'était son père. Un romancier français célèbre : Hervé Bazin.
Dérivés : Hermeline, Herveline.
Hilaire : se fête le 14 janvier.
Origine : du latin "hilaris". *Signification :* hilare.
Saint Hilaire vécut au IVe siècle, à Poitiers dont il fut l'évêque. *Dérivé :* Hilarion.
Hilda : se fête le 17 novembre.
Origine : du germain "hild". *Signification :* combat.
Sainte Hilda, qui fut princesse, vécut comme abbesse au VIIe siècle en Angleterre.
Dérivé : Ida.
Hilde : se fête le 17 septembre. (Voir : Hildegarde.)
Hildebrand : *Origine :* du germain "hild" et "brand". *Signification :* lutte au glaive.
Hildegarde : se fête le 17 septembre.
Origine : du germain "hild" et "gardan". *Signification :* armée et savoir. Sainte Hildegarde vécut en Allemagne au XIIe siècle. *Dérivé :* Hilde.
Hippolyte : se fête le 13 août.
Origine : du grec "hippolutos". *Signification :* dompteur de chevaux. Saint Hippolyte, après avoir été anti-pape, fut néanmoins canonisé. Il vécut au IIIe siècle. Dans la mythologie, Hippolyte était le fils de Thésée. Phèdre, sa belle-mère, lui fit des avances. Repoussée, elle se vengea. Et Hippolyte qui se promenait en char périt dans un accident dû à un monstre surgi de la mer.

Homère : se fête le 1er novembre.
Origine : en grec "Homêros". C'est l'auteur de *l'Iliade* et de *l'Odyssée*.
Signification : l'aveugle.
Honorat : se fête le 16 janvier. (Voir : Honoré).
Saint Honorat fonda un monastère sur la plus petite des îles de Lérins, d'où il évangélisa la côte de Cannes.
Honoré : se fête le 16 mai.
Origine : du latin "honoratus". *Signification :* honoré, digne de recevoir des honneurs. Saint Honoré, qui fut évêque d'Amiens, vécut au VIIe siècle. Il est le patron des boulangers-pâtissiers. Un gâteau réputé porte son nom. Un écrivain célèbre du XIXe siècle français : Honoré de Balzac. *Dérivés :* Honorat, Honorin, Honorine.
Honorin : se fête le 27 février. (Voir : Honoré.)
Honorine : se fête le 27 février. (Voir : Honoré.)
Sainte Honorine, vierge martyre du IVe siècle, est la patronne des bateliers.
Horace : se fête le 1er novembre.
Origine : du latin "horatius". C'est le patronyme du poète latin qui mourut en l'an 8 avant Jésus-Christ.
Les trois Horaces étaient des frères romains qui durent affronter les trois Curiaces, champions d'Albe. Ces six personnages se retrouvent dans *Horace*, une tragédie de Corneille écrite en 1640.
Hortense : se fête le 11 janvier ou le 5 octobre.
Origine : du latin "hortensia". Le nom de la fleur (l'hortensia) fut attribué à une rose du Japon rebaptisée ainsi par un horloger, le sieur Lepaute, dont l'épouse se prénommait Hortense. La mère de Napoléon III fut Hortense de Beauharnais, reine de Hollande.
Hubert : se fête le 3 novembre.
Origine : du germain"hug" et "berth". *Signification :* d'une intelligence brillante. Saint Hubert, qui vécut au VIIIe siècle, est le patron des chasseurs. *Dérivés :* Huberte, Hubertine.
Huberte : se fête le 3 novembre. (Voir : Hubert.)
Hubertine : se fête le 3 novembre. (Voir : Hubert.)
Hugo : se fête le 1er avril. (Voir : Hugues.)
Hugues : se fête le 29 avril ou le 1er avril.
Origine : du germain "hûg". *Signification :* intelligence.
Saint Hugues, évêque de Grenoble, vécut au XIe siècle. *Dérivés :* Huguette, Hugo.
Huguette : se fête le 1er avril. (Voir : Hugues.)
Humbert : se fête le 4 mars ou le 25 mars.
Origine : du germain "hunt-beth". *Signification :* géant, ours brillant. Saint Humbert devint 1er abbé de Maroilles au VIIe siècle.
Humfrey : *Origine :* du haut-saxon "hum-fried". *Signification :* le Hun pacifique.
Hyacinthe : se fête le 17 août. (Voir : Jacinthe.)

Saint Hyacinthe répandit l'ordre des Dominicains en Pologne au XIIIe siècle.

I

Ida : se fête le 13 avril. (Voir : Hilda.)
Sainte Ida fut la mère de Godefroi de Bouillon et de Baudouin Ier, roi de Jérusalem après sa participation à la première croisade.
Ignace : se fête le 31 juillet.
Origine : du latin "ignis". *Signification :* feu. Saint Ignace de Loyola est le créateur de la Compagnie de Jésus dont la vocation se focalisa sur l'enseignement et la prédication. Le supérieur général des Jésuites mourut en 1556, laissant de nombreux disciples.
Igor : se fête le 5 juin.
Origine : du scandinave "Ingvarr". Ce nom a été porté par des princes russes. Saint Igor fut assassiné dans un monastère en 1147. Le compositeur russe Igor Féodorovitch Stravinski (mort en 1971) demanda la naturalisation française puis américaine. Son premier ballet *L'Oiseau de Feu* date de 1910. Trois ans plus tard, il composait *Le Sacre du Printemps*.
Imelda : se fête le 11 mai.
Inès : se fête le 10 septembre.
Origine : du latin "agnus". *Signification :* mouton.
La bienheureuse Inès, qui avait épousé un japonais nommé Takeya, fut décapitée en 1622. Dans *La Reine morte* d'Henry de Montherlant, Inès est un personnage inspiré d'Inès de Tro, héroïne espagnole du XIVe siècle assassinée sur ordre de son beau-père le roi Alphonse IV. *Dérivé :* Ina.
Ingrid : se fête le 2 septembre.
Origine : du scandinave "Ingwi" et "rida". *Signification :* héros, feu qui délivre. Sainte Ingrid fonda un monastère en Suède au XIIIe siècle. Une actrice célèbre, Ingrid Bergman, morte en 1982, a honoré le cinéma. Elle joua notamment le rôle de Jeanne d'Arc.
Innocent : se fête le 28 décembre.
Origine : du latin "innocentus". *Signification :* vertueux.
Selon l'évangile de saint Matthieu, "le massacre des innocents" fut perpétré par le roi Hérode dit le Grand. Seize nouveau-nés périrent ainsi le 24 décembre, veille de la naissance du Christ. Treize papes ont porté ce nom : d'Innocent Ier (40e pape) à Innocent XIII (242e).
Iphigénie : *Origine :* en grec, "Iphigeneia".
Fille d'Agamemnon et de Clytemnestre. Elle est au centre des tragédies d'Euripide.
Irène : se fête le 3 avril.
Origine : du grec "eirênê". *Signification :* paix.

Sainte Irène fut brûlée vive avec ses sœurs Agapê et Chionia en 304. Outre l'actrice grecque Irène Pappas (qui tint notamment le rôle de Pénélope, épouse d'Ulysse), citons une Irène célèbre dans le monde des sciences. Avec son mari, le physicien Frédéric Joliot-Curie, elle obtint le prix Nobel de chimie en 1935.
Dérivé : Irénée.
Irénée : se fête le 28 juin. (Voir : Irène.)
Saint Irénée, évêque de Lyon, mourut martyr en 202.
Iris : se fête le 4 septembre.
Origine : du grec "Iris". *Signification :* fleur d'iris.
Dans la mythologie grecque, Iris était la messagère des dieux. Elle personnifiait l'arc-en-ciel par son écharpe aux sept couleurs. Quant à sainte Iris, fille de l'apôtre saint Philippe, elle mourut au IIe siècle.
Irma : se fête le 9 juillet. (Voir : Marie.)
C'est la traduction hongroise de Marie.
Origine : du germain "irmin". *Signification :* énorme. *Dérivé :* Hermine.
Isaac : se fête le 20 décembre.
Origine : de l'hébreu "Isaac". *Signification :* celui à qui Dieu sourit. Isaac, patriarche hébreu, époux de Rebecca, fut le père de Jacob et Esaü. Il est considéré comme l'ancêtre du Christ. Sir Isaac Newton fut mathématicien, physicien, astronome et penseur. Cet Anglais génial mort en 1727 découvrit l'attraction universelle. Le disque de Newton démontre la composition de la lumière blanche.
Isabeau : se fête le 22 février. (Voir : Elisabeth.)
Isabelle : se fête le 22 février. (Voir : Elisabeth.)
C'est un diminutif d'Elisabeth. Sainte Isabelle de France fut la sœur de saint Louis, connu sous le nom de Louis IX. Elle mourut en 1270.
De nombreuses reines ont porté ce nom. La première femme de Rubens se prénommait Isabelle. Une chanteuse, Isabelle Aubret, honore la chanson française.
Dérivé : Isa.
Isaïe : se fête le 9 mai.
C'est le nom d'un prophète juif né à Jérusalem vers 770 avant Jésus-Christ. Les protestants écrivent son nom Esaïe. Ses portraits par Raphaël et Michel-Ange sont célèbres.
Iseult : *Origine :* du celtique, en allemand "Isolde". *Signification :* guerrière de fer. La légende de *Tristan et Iseult* venue du Moyen Age est immortelle. Iseult était l'épouse du roi Marc.
Isidore : se fête le 4 avril.
Origine : du grec "Isidôron". *Signification :* don de la déesse Isis. Saint Isidore de Séville mourut à Séville en 636. L'écrivain français du XIXe siècle connu sous le nom de Lautréamont s'appelait en réalité Isidore Ducasse. Son œuvre *Les Chants de Maldoror* est connue. *Dérivé :* Isy.
Ivan : se fête le 24 juin.
C'est la forme slave de Jean. Le plus connu des Ivan devenus tsars de Russie est le quatrième du nom, dit "le Terrible". Il vécut au XVIe siècle.

Ivanne : se fête le 30 mai. (Voir : Jeanne.)

J

Jacinthe : se fête le 30 janvier.
Origine : du grec "huakinthos". Sainte Jacinthe de Mariscoti vécut au XVIIe siècle.
Dérivé : Hyacinthe.
Jack : se fête le 24 juin ou le 27 décembre. (Voir : Jean.)
Un romancier américain : Jack London, auteur de *Croc-Blanc*.
Jackie : se fête le 8 février. (Voir : Jacqueline.)
La veuve du président des Etats-Unis, Jackie Kennedy, épousa par la suite l'armateur grec Onassis, dont elle est aussi devenue veuve.
Jacky : se fête le 3 mai ou le 25 juillet. (Voir : Jacques.)
Un coureur automobile : Jacky Stewart.
Jacob : se fête le 20 décembre. (Voir : Jacques.)
Jacqueline : se fête le 8 février. (Voir : Jacques.)
La sœur de Blaise Pascal, l'inventeur de la machine à calculer, se prénommait Jacqueline. *Dérivés :* Jackie, Jacquette, Jacquine, Jacquotte.
Jacques : se fête le 3 mai ou le 25 juillet.
Origine : de l'hébreu "Ya'acob". *Signification :* que Dieu favorise. Peut également être mis en relation avec deux autres mots hébreux, "agêb", talon et "agab", supplanter. Dans la Bible, Jacob, frère jumeau d'Esaü, naît en second en tenant le talon de son frère, et plus tard, il lui rachète le droit d'aînesse contre un plat de lentilles.
Le nom de Jacob désigne généralement Israël. Jacob fut longtemps un prénom favori des Juifs. En France, il a été supplanté par Jacques. Deux apôtres ont porté ce nom, Jacques le Mineur, cousin de Jésus, et Jacques le Majeur qui est mort martyrisé. Une étoile a indiqué miraculeusement l'emplacement de son tombeau, ce qui déclenchera le plus célèbre des pélerinages du Moyen Age : Saint-Jacques-de-Compostelle (campo-stella : champ d'étoiles). Ce nom a fini par désigner le paysan de France, et ses révoltes successives sous la royauté sont devenues les jacqueries. Sous la Révolution, les Jacobins prirent ce nom parce qu'ils se réunissaient rue Saint-Jacques.
Dérivés : Jacqueline, Jack, Jackie, James, Jacob, Giacomo, Jimmy, Jakkie, Jacotte, Diégo, Jakou, Jakez, Iago, Santiago, Jim.
James : se fête le 3 mai ou le 25 juillet. (Voir : Jacques.)
Jane : se fête le 30 mai. (Voir : Jeanne.)
La compagne de Tarzan était prénommée Jane !
Janis : se fête le 27 décembre.
Janvier : se fête le 19 septembre.
Saint Janvier, patron de la ville de Naples, mourut en 305.

Jasmina : se fête le 5 octobre. (Voir : Fleur.)
Jasmine : se fête le 5 octobre. (Voir : Fleur.)
Jean : se fête le 24 juin ou le 27 décembre.
Origine : de l'hébreu "Yohanân". *Signification :* Iahvé a fait grâce.
C'est un nom qui a eu un succès dans tout l'Occident. A l'origine, il y a saint Jean-Baptiste, qui a précédé le Christ, puis Jean l'Evangéliste, puis saint Jean de Dieu, sainte Jeanne d'Arc, patronne de France, saint Jean l'Aumônier, créateur des chevaliers de Malte, saint Jean de la Croix.
L'Anglais est désigné par le surnom de "John Bull", et l'Américain du Nord par "Yankee", qui désigne "Jeannot" en hollandais. Désormais, partout, "Don Juan" est synonyme de séducteur. Enfin, ce prénom se retrouve dans de nombreuses expressions populaires.
Type caractérologique : ce sont des individus à l'intelligence exceptionnelle, qui peuvent faire bien plusieurs choses à la fois. Leur mémoire est prodigieuse. Ce caractère n'est pas très reposant pour les autres, car ils peuvent devenir colériques si on ne les suit pas assez vite ! Leur activité est débordante, leur conscience professionnelle excellente. Ce sont des intellectuels supérieurs et des manuels doués.
Dérivés : Jeanne, Hans, Hansi, Yvan, Yann, Yannick, Vanina, Juan, Juana, John, Johnny, Jehan, Jehanne, Johanna, Janis, Janet, Joan, Giovanna, Giovanni, Jens, Nino, Jeanine, Jop, Yannette, Yvain.
Jeanne : se fête le 30 mai ou le 12 décembre.
(Voir : Jean.)
Sainte Jeanne d'Arc fut brûlée vive à Rouen en 1431.
Dans l'histoire, nombreuses sont les Jeanne qui furent reines. La mère de Charles Quint s'appelait Jeanne la Folle. *Dérivés :* Chantal, Ivanne, Jane, Jeannine, Jeanine, Janine, Jennifer, Jenny, Jehanne, Joanna, Johanne, Johannes, Juanita, Vanila, Vanina.
Jeannette : se fête le 30 mai ou le 12 décembre. (Voir : Jeanne.)
Jeannine ou Jeanine ou Janine : se fête le 30 mai ou le 12 décembre. (Voir : Jeanne.)
Jehan : se fête le 30 mai ou le 12 décembre. (Voir : Jean.)
Jehanne : se fête le 30 mai ou le 12 décembre. (Voir : Jeanne.)
Jennifer : se fête le 30 mai ou le 12 décembre. (Voir : Jeanne.)
Jenny : se fête le 30 mai ou le 12 décembre. (Voir : Jeanne.)
Jérémie : se fête le 1er mai.
Origine : de l'hébreu. *Signification :* Dieu est haut.
Le prophète Jérémie est l'un des quatre écrivains de la Bible. *Dérivés :* Jérémy, Jerry.
Jérémy : se fête le 1er mai. (Voir : Jérémie.)
Jérôme : se fête le 30 septembre.
Origine : du grec "hieros" et "onoma". *Signification :* nom sacré. Jérôme fut ermite, puis secrétaire du pape. Il traduisit le Nouveau Testament en latin. Il mourut en 419.

Un peintre flamand célèbre : Jérôme Bosch (1450-1516).
Dérivés : Gérôme, Géromina.
Jerry : se fête le 1er mai. (Voir : Jérémie.)
Jessé : se fête le 4 novembre.
Origine : de l'hébreu "Isaïe", père de David. *Signification :* Dieu est. *Dérivés :* Jessica, Jessy.
Jessica : se fête le 4 novembre. (Voir : Jessé.)
Jessy : se fête le 4 novembre. (Voir : Jessé.)
Jésus : *Origine :* de l'hébreu "Yéshoua". *Signification :* Iahvé sauve.
Fils de Marie, né vers l'an 6 avant notre ère, il fut le fondateur du christianisme.
Jimmy : se fête le 3 mai. (Voir : Jacques.)
Jo : se fête le 19 mars. (Voir : Joseph.)
Joachim : se fête le 16 août.
Origine : de l'hébreu "jo-achim". *Signification :* ancêtre du Seigneur.
Saint Joachim fut le père de la Vierge Marie.
Joanna : se fête le 30 mai. (Voir : Jeanne.)
Job : *Origine :* patriarche biblique qui incarne l'homme juste frappé par le malheur, d'où l'expression : «pauvre comme Job».
Jocelyn : *Origine :* du gothique "Gauz". *Signification :* d'origine goth.
Jocelyne : (Voir : Jocelyn.)
Joël : se fête le 13 juillet.
Origine : de l'hébreu "jo-el". *Signification :* Seigneur Dieu.
Joël, qui vécut vers l'an 400 avant Jésus-Christ, était le fils de Samuël.
Dérivé : Joëlle.
Joëlle : se fête le 13 juillet. (Voir : Joël.)
Johan ou Johann : se fête le 30 mai. (Voir : Jean.)
Dans l'histoire de la musique, on compte deux Johann Strauss, le père et le fils. Ils vécurent tous deux au XIXe siècle.
Johanne : se fête le 30 mai (Voir : Jeanne.)
Johannes : se fête le 30 mai (Voir : Jeanne.)
John : se fête le 24 juin ou le 27 décembre. (Voir : Jean.)
Le 35e président des Etats-Unis d'Amérique fut John Fitzgerald Kennedy, assassiné à Dallas en 1963. Les raisons de sa mort demeurent un mystère.
Johnny : se fête le 24 juin ou le 27 décembre.
Johnny Halliday, chanteur d'origine belge, s'appelle en réalité Jean-Philippe Smet.
Jonas : se fête le 29 mars.
Origine : de l'hébreu "jo-nas". *Signification :* jaune.
Jonathan : *Origine :* de l'hébreu "Jonathan", fils de Saül. *Signification :* Jéhovah donne.
Jordane : se fête le 13 janvier.
Le patron des Jordane est Jourdain de Saxe, un religieux dominicain du XIIIe siècle.

Joris : se fête le 26 juillet.
Saint Joris, évêque du Mont Sinaï, mourut en pélerinage à Béthune le 26 juillet 1033.
José : se fête le 19 mars. (Voir : Joseph.)
Josée : se fête le 19 mars. (Voir : Joseph.)
Joseph : se fête le 19 mars.
Origine : de l'hébreu "Yoseph". *Signification :* à qui Iahvé ajoute.
Joseph était le premier fils de Jacob. Après avoir interprété les rêves du pharaon, il arriva aux plus hautes dignités. Un descendant de David, charpentier à Nazareth, fut l'époux de Marie, mère de Jésus. Son nom ne connut un succès véritable qu'après 1870, lorsqu'il fut déclaré père de l'Eglise universelle.
Ce nom fut illustré par les empereurs d'Autriche. Giuseppe eut beaucoup de succès en Italie. En Angleterre, ce nom était plutôt réservé aux Juifs, et en Espagne, Pepito et Pepita, les diminutifs, sont toujours couramment employés.
Enfin, ce nom fut porté par la première épouse de Napoléon 1er, Joséphine de Beauharnais, par Joseph Haydn, et Giuseppe Verdi.
Dérivés : Josèphe, Joséphine, Josiane, José(e), Giuseppe, Pepita, Peppo, Youssef, Peppone, Josépha, Jef, Jo, Josy, Josette.
Josépha : se fête le 19 mars. (Voir : Joseph.)
Josèphe : se fête le 19 mars. (Voir : Joseph.)
Joséphine : se fête le 19 mars. (Voir : Joseph.)
Une grande chanteuse noire : Joséphine Baker.
Josette : se fête le 19 mars. (Voir : Joseph.)
Josiane : se fête le 19 mars. (Voir : Joseph.)
Josse : se fête le 13 décembre.
Origine : du breton "gauz-helm". *Signification :* au casque de Goth. Saint Josse mourut au VIIe siècle dans une localité du Pas-de-Calais appelée depuis Saint-Josse-sur-Mer. Il était ermite.
Josué : se fête le 1er septembre.
Josué, à la suite de Moïse, dirigea le peuple juif vers la Terre promise.
Josy : se fête le 19 mars. (Voir : Joseph.)
Jude : se fête le 28 octobre.
Origine : de l'hébreu "hude". *Signification :* louange.
Saint Jude fut l'un des douze apôtres.
Judicaël : se fête le 17 décembre.
Ce roi de Bretagne rencontra le roi Dagobert en 636 et mit fin à sa lutte contre les Francs.
Judith : se fête le 5 mai ou le 29 juin.
Origine : de l'hébreu "Juda". *Signification :* celle qui loue.
Sainte Judith vécut au IXe siècle. Elle n'est pas la Judith de la Bible, celle qui coupa la tête d'Holopherne, général de Nabuchodonosor. La mère de Charles le Chauve fut Judith de Bavière. Le père, Louis le Pieux, était un fils de Charlemagne. *Dérivé :* Judy.

Judy : se fête le 5 mai ou le 29 juin. (Voir : Judith.)
Jules : se fête le 12 avril.
Origine : du latin "Julius" ou "Iulius". *Signification :* descendant de Iule, fils d'Enée. Saint Jules fut pape au IVe siècle.
Parmi les Jules célèbres, outre Jules César, citons les écrivains Jules Renard, Jules Romains, Jules Verne, Jules Supervielle. Le Cardinal de Mazarin se prénommait Jules. *Dérivés :* Julian, Juliane, Julie, Julien, Julienne, Juliette, Julius.
Julia : se fête le 8 avril. (Voir : Julie.)
Julian : se fête le 12 avril. (Voir : Jules.)
Juliana : se fête le 12 avril. (voir : Julian.)
La reine Juliana fut souveraine des Pays-Bas.
Juliane : se fête le 12 avril. (voir : Julian.)
Julie : se fête le 8 avril. (Voir : Jules.)
Sainte Julie est la patronne de la Corse. Elle vécut au VIIe siècle. *Dérivé :* Julia.
Julien : se fête le 27 janvier ou le 2 août. (Voir : Jules.)
Saint Julien l'Hospitalier aurait, selon la légende, fait passer un fleuve à un lépreux, qui était en fait le Christ.
Julienne : se fête le 19 juin ou le 16 février. (Voir : Julien.)
Sainte Julienne mourut en 1341.
Juliette : se fête le 30 juillet ou le 18 mai. (Voir : Jules.)
Sainte Juliette fut brûlée vers l'an 303.
Une chanteuse française connue : Juliette Gréco. *Roméo et Juliette* est un drame de Shakespeare écrit en 1594 d'après une nouvelle écrite quarante années plus tôt par l'écrivain italien Bandello.
Juste : se fête le 14 octobre.
Origine : du latin "justus". *Signification :* juste.
Saint Juste fut, au IVe siècle, le 13e évêque de Lyon. *Dérivés :* Justin, Justine, Justinien.
Justin : se fête le 1er juin. (Voir : Juste.)
Saint Justin fut décapité à Rome en 166.
Justine : se fête le 12 mars et autrefois le 26 septembre.
(Voir : Justin.)
Sainte Justine serait légendaire.
Justinien : se fête le 12 mars. (Voir : Justin.)
Juvénal : se fête le 3 mai.
Saint Juvénal est vénéré en Italie, à Narni, où il fut évêque au IVe siècle.

K

Karen : se fête le 7 novembre. (Voir : Carine.)
Karin ou Karine : se fête le 7 novembre. (Voir : Carine.)

Karina : se fête le 7 novembre. (Voir : Carine.)
Karl : se fête le 4 novembre. (Voir : Charles.)
Kathleen : se fête le 29 avril. (Voir : Catherine.)
Katia ou Katya : se fête le 29 avril.
Origine : du russe, diminutif de "Ekaterina". *Signification :* pure, chaste.
Katy ou Katty : se fête le 29 avril. (Voir : Catherine.)
Ketty : se fête le 29 avril. (Voir : Catherine.)
Kevin : se fête le 3 juin.
Kim : *Origine :* nom de famille courant en Corée. *Kim* est le héros et le titre d'un roman de Rudyard Kipling, écrivain anglais, prix Nobel en 1907, surtout célèbre par *Le Livre de la Jungle*.
Knut ou Knud : se fête le 10 juillet. (Voir : Canut.)
Kurt : se fête le 26 novembre. (Voir : Conrad.)
Kristina : se fête le 28 juillet. (Voir : Christine.)

L

Laetitia : se fête le 18 août.
Origine : du latin "laetitia". *Signification :* joie.
Sainte Laetitia est fêtée à Liesse (près de Soissons).
Lambert : se fête le 17 septembre.
Origine : du germain "land" et "behrt". *Signification :* d'un pays illustre. Saint Lambert fut évêque de Tongres-Maastricht au VIIe siècle. C'est le patron de la ville de Liège.
Lancelot : *Origine :* du nom de Lancelot du Lac, chevalier du roman courtois (cycle breton). Lancelot était l'un des chevaliers du roi Arthur. *Lancelot ou le Chevalier à la charrette* est le titre d'une œuvre du premier grand romancier du Moyen Age français : Chrétien de Troyes.
Lara : se fête le 26 mars. (Voir : Larissa.)
Larissa : se fête le 26 mars.
Sainte Larissa fut brûlée vive au IVe siècle, dans une église de Crimée pendant le service divin. *Dérivés :* Lara, Larry.
Larry : se fête le 26 mars. (Voir : Larissa.)
Laura : se fête le 10 août. (Voir : Laure.)
Laure : se fête le 10 août.
Origine : du latin "laurus". *Signification :* laurier.
Laurence : se fête le 10 août. (Voir : Laurent.)
Laurent : se fête le 10 août.
Origine : du latin "laurus". *Signification :* laurier.
Chez les anciens Grecs, les couronnes de laurier tressé récompensaient les vainqueurs des compétitions. La légende de saint Laurent dit que le juge lui demanda

de livrer les trésors de l'Eglise. Il lui amena une foule de pauvres en disant : «Voici les trésors qui augmentent toujours.» Après quoi, il fut condamné à rôtir sur un gril, et est donc devenu le patron des cuisiniers... Ce nom est devenu extrêmement populaire en Europe; en Italie, il a été célébré par Pétrarque qui a chanté une dame provençale, Laure; l'idéal florentin de la Renaissance a été incarné par Laurent de Médicis, qui fut le protecteur de Michel-Ange. Au Canada, il a donné son nom au fleuve découvert un 10 août. Lawrence d'Arabie fut également très connu.

Type caractérologique : ce sont des extravertis qui ont besoin de communiquer, très ouverts sur le monde. Leur volonté est à la fois forte et faible, et leur émotivité assez importante, ce qui peut en faire des instables. Ils vivent toujours d'une façon insolite; leur intelligence est très synthétique, ils ont beaucoup de mémoire. Ils recherchent la tendresse, ce sont des gens très sociables, des sentimentaux.

Dérivés : Laure, Laura, Laurence, Laurette, Laurentin(e), Laurie, Lauriane, Lora, Lorenzo, Lorenza, Lawrence, Larry, Lorenz, Rienzo.

Laurentine : se fête le 10 août. (Voir : Laurent.)

Laurette : se fête le 10 août. (Voir : Laurent.)

Laurie : se fête le 10 août. (Voir : Laurent.)

Lazare : se fête le 23 février, le 29 juillet ou le 1er septembre.

Origine : de l'hébreu. Personnage de la Bible, frère de Marthe et de Marie, ressuscité par Jésus, selon l'Evangile. *Signification :* aide de Dieu.

Lazare Carnot dit le Grand Carnot fut un général, un homme politique et un savant français mort en 1823. Il fut en 1814 gouverneur d'Anvers. On lui doit des travaux qui ont fait de lui l'un des créateurs de la géométrie moderne.

Lazarine : se fête le 29 juillet ou le 1er septembre.

Léa : se fête le 22 mars.

Origine : du latin "lea" ou de l'hébreu "Lê-âh".

Signification : lionne ou tête de vache, selon l'origine. Sainte Léa, disciple de saint Jérôme, vécut au IVe siècle. *Dérivés :* Leila, Léïla, Lia, Liane, Lila.

Léandre : se fête le 28 février.

Léger : se fête le 2 octobre.

Origine : de l'allemand "heud-gari" ou du qualificatif "léger". *Signification :* peuple à la lance ou léger, selon l'origine.

Saint Léger, né dans la région de Poitiers, était issu d'une vieille famille franque. Au VIIe siècle, il se livra pour préserver la ville d'Autun. Il fut décapité après avoir eu les yeux crevés et la langue coupée.

Leila : se fête le 22 mars. (Voir : Léa.)

Léliane : se fête le 4 juillet. (Voir : Elisabeth.)

Léna : se fête le 18 août. (Voir : Hélène.)

Léo : se fête le 10 novembre. (Voir : Léon.)

Le chanteur Léo Ferré est un auteur-compositeur français.

Léocadie : se fête le 9 décembre.

Origine : de "Leucadius". *Signification :* habitant de l'île de Leucade (l'une des îles

Ioniennes). Sainte Léocadie, patronne de Tolède, fut martyrisée en 304.
Léon : se fête le 10 novembre.
Origine : du latin "leo". *Signification :* lion. Saint Léon fut pape. En 542, il évita que le roi des Huns, Attila, ne s'empare de Rome. Nombreux sont les Léon qui furent saints et papes. *Dérivés :* Léo, Léonce, Léone, Léonide, Léonilde, Léontine, Lionel.
Léonard : se fête le 6 novembre.
Origine : du latin "leo" et du germain "hard". *Signification :* robuste lion. Saint Léonard, ermite du Limousin, coopéra à la conversion de Clovis. C'est le patron des prisonniers.
Léonard de Vinci (1452-1519) fut un italien extraordinairement doué : peintre, architecte, sculpteur, ingénieur... Parmi ses tableaux célèbres figure la *Joconde*.
Léonce : se fête le 18 juin. (Voir : Léon.)
Saint Léonce, soldat romain condamné au supplice, mourut au début du IVe siècle.
Léone : se fête le 10 novembre. (Voir : Léon.)
Léonidas : *Origine :* roi de Sparte.
Léonide : se fête le 22 avril. (Voir : Léon.)
Léonilde : se fête le 10 novembre. (Voir : Léon.)
Léonora : se fête le 18 août. (Voir : Hélène.)
Léontine : se fête le 10 novembre. (voir : Léon.)
Léopold : se fête le 15 novembre.
Origine : du germain "liut" et "bald". *Signification :* peuple courageux. Saint Léopold, grand-père de Frédéric Barberousse et patron de l'Autriche, fut père de dix-huit enfants. Il mourut en 1136 après avoir beaucoup développé Vienne. La dynastie belge compte trois Léopold. Le poète Léopold Sédar Senghor a été Président de la république du Sénégal. Le père de Mozart se prénommait Léopold.
Dérivés : Léopoldine, Léopoldo, Léopolda.
Léopoldine : se fête le 15 novembre. (Voir : Léopold.)
Léopoldine, fille de Victor Hugo, mourut tragiquement, noyée, en 1843. Fou de douleur, le poète préféra la vie mouvementée de la politique aux "Contemplations" de la muse.
Leslie : se fête le 17 novembre. (Voir : Elisabeth.)
Lesly : se fête le 17 novembre. (Voir : Elisabeth.)
Lia : se fête le 22 mars. (Voir : Léa.)
Liane : se fête le 12 avril. (Voir : Julian.)
Nom de femme en vogue au début du siècle.
Lidwine : se fête le 14 avril.
Sainte Lidwine mourut handicapée en 1433. A quinze ans, elle s'était brisé une côte en patinant sur glace. Elle ne s'en remit jamais et vécut en grabataire.
Lila : se fête le 22 mars. (Voir: Léa.)
Lilia : se fête le 4 juillet. (Voir : Liliane.)
Liliane ou Lilian : se fête le 4 juillet. (Voir : Elisabeth.)

Lily : se fête le 17 novembre. (Voir : Elisabeth.)
Lin : se fête le 23 septembre. (Voir : Line.)
Lina : se fête le 20 octobre. (Voir : Line.)
Linda : se fête le 28 août.
La bienheureuse Linda fut abbesse d'un monastère allemand au Xe siècle.
Line : se fête le 20 octobre. (Voir : Adeline.)
Une chanteuse française, Line Renaud, est mondialement connue.
Linette : se fête le 20 octobre. (Voir : Line.)
Lino : se fête le 20 octobre. (Voir : Line.)
Un excellent acteur français : Lino Ventura.
Lionel : se fête le 10 novembre. (Voir : Léon.)
Lisbeth : se fête le 17 novembre. (Voir : Elisabeth.)
Lise : se fête le 17 novembre. (Voir : Elisabeth.)
Liz : se fête le 17 novembre. (Voir : Elisabeth.)
Une actrice américaine : Liz Taylor.
Liza : se fête le 17 novembre. (Voir : Elisabeth.)
Une actrice et chanteuse américaine : Liza Minelli.
Loïc : se fête le 25 août. (Voir : Louis.)
Loïs : se fête le 21 juin. (Voir : Louis.)
Lola : se fête le 15 septembre. (Voir : Dolorès.)
Lolita : se fête le 15 septembre. (Voir : Dolorès.)
Lorraine : se fête le 30 mai.
Lou : se fête le 25 août. (Voir : Louis.)
Louis : se fête le 21 juin ou le 25 août.
Origine : du germain "hlod" et "wig". *Signification :* illustre combattant. Chlodowig fut le nom original de Clovis. A la suite de contractions à l'époque carolingienne, ce nom se réduisit à Ludovic, puis à Louis. En France, dix-huit rois ont porté ce nom. Le fils de Blanche de Castille s'appela Louis IX et fut canonisé sous le nom de saint Louis, à cause de sa sagesse, de son énergie et de sa dévotion. Louis XII fit graver son effigie sur une pièce d'or qui devint ainsi le "louis d'or". Louis XIV donna son nom à la Louisiane, colonie française en Amérique du Nord. La forme Ludwig connut également un grand succès chez les souverains d'outre-Rhin. Il a également été illustré par le musicien Ludwig van Beethoven. En Angleterre, Louis, devenu Lewis, a été illustré par l'écrivain Lewis Caroll.
Dérivés : Louise, Louison, Louisette, Ludovic, Loïs, Ludwig, Lewis, Lou, Luigi, Eloïse, Héloïse, Vicky, Luis.
Louise : se fête le 15 mars. (Voir : Louis.)
Sainte Louise eut saint François de Sales comme premier directeur de pensée. Le second, saint Vincent de Paul, aida sainte Louise à fonder la congrégation bien connue des Filles de la Charité. Elle mourut en 1660. L'épouse du roi des Belges, Léopold Ier, s'appelait Louise-Marie d'Orléans. Une poétesse lyonnaise du XVIe siècle : Louise Labé.
Louisette : se fête le 15 mars. (Voir : Louis.)

Louison : se fête le 25 août. (Voir : Louis.)
Un coureur cycliste français de renommée mondiale : Louison Bobet. Il conquit la gloire au Tour de France.
Loup : se fête le 29 juillet.
Origine : du latin "lupus". *Signification :* loup.
Saint Loup, évêque de Troyes, qui vivait au Ve siècle, fut pris en otage par Attila.
Dérivé : Lubin.
Lubin : se fête le 29 juillet. (Voir : Loup.)
Luc : se fête le 18 octobre.
Origine : du latin "lux". *Signification :* lumière.
A Rome, on donnait généralement ce prénom aux enfants nés à l'aube. Saint Luc, qui était médecin, est devenu le patron des médecins ainsi que des services de santé. Il était un familier de la Vierge Marie. Il écrivit un Evangile et les Actes des Apôtres. Ce nom eut beaucoup de succès à la naissance du christianisme. C'est, par ailleurs, la même racine que l'on retrouve dans Lucifer, qui signifie l'ange qui apporte la lumière. Des traditions, surtout en Scandinavie, le jour de la Sainte-Luce, ont repris d'anciennes fêtes païennes de la lumière (solstice d'hiver).
En Allemagne la forme Lucas a connu un grand succès, comme l'indique le nom de Lucas Cranach, graveur réputé.
Dérivés : Luce, Lucie, Lucienne, Lucette, Lucile, Lucille, Lucas, Luke, Luciano, Lucien.
Lucas : se fête le 18 octobre. (Voir : Luc.)
Luce : se fête le 13 décembre. (Voir : Lucie.)
Un dicton : «A la Sainte-Luce, les jours avancent d'un saut de puce.» Cette fête correspondait autrefois au solstice d'hiver.
Lucette : se fête le 13 décembre. (Voir : Lucie.)
Luciane : se fête le 13 décembre. (Voir : Luc.)
Lucie : se fête le 13 décembre. (Voir : Luc.)
Lucien : se fête le 8 janvier. (Voir : Luc.)
Saint Lucien, exécuté en 312, fut le premier à traduire la Bible en grec. Trois papes portent ce nom. Le comédien Lucien Guitry était le père de Sacha.
Lucienne : se fête le 8 janvier. (Voir : Lucien.)
Lucille ou Lucile : se fête le 16 février. (Voir : Lucie.)
Lucrèce : se fête le 15 mars.
Origine : du latin "lucrator". *Signification :* celui qui gagne.
Sainte Lucrèce fut exécutée par les musulmans en 859. La fille du pape Alexandre VI est connue sous le nom de Lucrèce Borgia. C'est aussi le nom d'un drame de Victor Hugo. Un poète latin, Lucrèce, mourut à Rome en l'an 55 avant Jésus-Christ.
Ludger : se fête le 26 mars.
Saint Ludger, évêque de Münster, mourut en 809.
Ludmilla : se fête le 16 septembre.
Origine : du germain "liut" et "mundo". *Signification :* protection du peuple. Sain-

te Ludmilla, mère de saint Wenceslas, fut assassinée en 921, sur ordre de sa bru. Une danseuse célèbre : Ludmilla Tchérina.
Ludovic : se fête le 25 août. (Voir : Louis.)
Lutgarde : se fête le 16 juin.
Origine : du germain "liut" et "gard". *Signification :* maison du peuple. Sainte Lutgarde mourut en 1246. C'était une mystique. On raconte qu'elle voyait le Christ en croix.
Lydiane : se fête le 3 août. (Voir : Lydie.)
Lydie : se fête le 3 août.
Origine : du grec "lydis". *Signification :* habitante de la Lydie.
Sainte Lydie, marchande de pourpre en Grèce, fut, à ce que l'on dit, la première Européenne à s'être convertie au christianisme, vers l'an 50.
Dérivés : Lydia, Lydiane.
Lydwine : se fête le 15 avril.

M

Madeleine : se fête le 25 mai.
Origine : de l'hébreu "Magdala". *Signification :* du nom de la ville où, selon les Evangiles, vécut Marie-Madeleine.
Sainte Madeleine-Sophie Barat fonda les Dames du Sacré-Cœur. Sa mort survint en 1865. Deux comédiennes françaises connues : Madeleine Renaud et Madeleine Robinson. *Dérivés :* Maddy, Madelon, Mado, Magdeleine, Manette, Manon.
Madelon : se fête le 22 juillet. (Voir : Madeleine.)
Mado : se fête le 22 juillet. (Voir : Madeleine.)
Maël : se fête le 24 mai.
Saint Maël est vénéré au pays de Galles où il vécut au Ve siècle. *Dérivés :* Amaël, Maëlle.
Maëlle : se fête le 24 mai. (Voir : Maël.)
Magali : se fête 16 novembre. (Voir : Marguerite.)
C'est la forme provençale de Marguerite.
Magda : se fête le 22 juillet. (Voir : Madeleine.)
Magdeleine : se fête le 22 juillet. (Voir : Madeleine.)
Maggy : se fête le 16 novembre. (Voir : Marguerite.)
Mahaut : se fête le 14 mars. (Voir : Mathilde.)
Maïté : se fête le 7 juin. (Maïté est la contraction de Marie-Thérèse.)
Malo : se fête le 15 septembre. (Voir : Malou.)
Autrefois, la ville de Saint-Malo s'appelait Alet. Un moine gallois, saint Mach-Low, y fonda un monastère. Saint Malo (ou Malou) donna son nom à la ville. Il mourut en 640.
Malou : se fête le 15 novembre.

Origine : du latin "Maclovius" (Saint Malo). *Dérivé :* Malo.
Manette : se fête le 22 juillet. (Voir : Madeleine.)
Manfred : se fête le 28 janvier.
Origine : du germain "man" et "fried". *Signification :* homme protecteur.
Manoël : se fête le 25 décembre. (Voir : Noël.)
Manon : se fête le 22 juillet. (Voir : Madeleine.)
Manon Lescaut est une héroïne de l'auteur français connu sous le nom d'abbé Prévost (XVIIIe siècle).
Manu : se fête le 25 décembre. (Voir : Manuel.)
Manuel : se fête le 25 décembre. (Voir : Emmanuel.)
Un compositeur espagnol : Manuel de Falla (mort en 1946).
Manuella : se fête le 25 décembre. (Voir : Emmanuelle.)
Manuelle : se fête le 25 décembre. (Voir : Emmanuelle.)
Mara : se fête le 15 août. (Voir : Marie.)
Marc : se fête le 25 avril.
Origine : du latin "marticus". *Signification :* consacré à Mars. Chez les Latins, ce prénom fréquent renvoie à Mars, le dieu de la guerre. Saint Marc raconte comment il assista à l'arrestation de Jésus, et s'enfuit en abandonnant aux soldats son drap, seul vêtement à cette heure de la nuit. C'est saint Pierre qui lui apprit ce qu'il narre dans son Evangile, le premier qui fut écrit, dans un grec simple, de style parlé. Ses restes ont été transportés à Venise, dont il est le patron, comme de l'Italie tout entière. Ce nom a été illustré par des personnages littéraires comme le roi Markus, chez Wagner (*Tristan et Iseult*), et par des écrivains comme Mark Twain, des explorateurs comme Marco Polo, des empereurs comme Marc Aurèle.
Type caractérologique : ils sont à la fois passionnés et flegmatiques, ils ont des réactions surprenantes. Leur volonté est efficace, ils contrôlent leur émotivité. Ils tranchent rapidement, et leur activité doit être motivée. Ils savent ce qu'ils peuvent et veulent faire. Ils ont des professions de contact. Leur intuition est remarquable, leur intelligence vaste; ce sont aussi des sentimentaux. Ils ont donc un caractère très riche. *Dérivés :* Marcia, Marcel, Marcelle, Marcellin, Marcelline, Marceau, Marcien, Marcienne, Céline, Mark, Marco, Marcello, Marcile.
Marceau : se fête le 16 janvier. (Voir : Marcel.)
Marcel : se fête le 16 janvier. (Voir : Marc.)
Saint Marcel Ier fut pape au IIIe siècle. Des Marcel célèbres : les écrivains Marcel Proust, Marcel Aymé, Marcel Pagnol; le cinéaste Marcel Carné.
Marcelin ou Marcellin : se fête le 6 avril. (Voir : Marc.)
Saint Marcellin fut décapité en 304.
Marceline ou Marcelline : se fête le 17 juillet. (Voir : Marc.)
Sainte Marceline, sœur de saint Ambroise, vécut au IVe siècle.
Marcella : se fête le 31 janvier. (Voir : Marc.)
Marcelle : se fête le 31 janvier. (Voir : Marc.)
Marco : se fête le 25 avril. (Voir : Marc.)
Marco Polo, voyageur italien, se rendit en Chine au XIIIe siècle.

Margaret : se fête le 20 juillet. (Voir : Marguerite.)
Margot : se fête le 20 juillet. (Voir : Marguerite.)
Marguerite de Valois, qui épousa le roi Henri IV, était appelée la reine Margot.
Marguerite : se fête le 16 novembre.
Origine : du latin "margarita". *Signification :* perle.
Sainte Marguerite eut huit enfants, dont deux devinrent saints : saint David et sainte Mathilde. Elle mourut en 1093, en Ecosse. Marguerite fut le nom de plusieurs reines et impératrices. Une héroïne de Goethe : la Marguerite du *Faust*. La première académicienne française : Marguerite Yourcenar. *Dérivés :* Daisy, Magali, Maggy, Margaret, Margot, Margorie, Marjorie, Peggy, Perlette.
Maria : se fête le 15 août. (Voir : Marie.)
Sainte Maria Goretti fut assassinée en 1902. Une cantatrice célèbre : Maria Callas.
Mariam : se fête le 15 août. (Voir : Marie.)
Marianne : se fête le 9 juillet.
C'est une contraction de Marie-Anne. Sainte Marianne, sœur de saint Philippe, vécut au Ier siècle. *Dérivé :* Mariannick.
Marie : se fête le 15 août.
Origine : de l'hébreu "myriam". *Signification :* voyante, dame.
Dans la Bible, Myriam est un nom très courant. La plus célèbre est bien entendu la mère de Jésus. Elle accepte de mettre au monde Jésus : humble et effacée durant toute la vie de Jésus, elle soutiendra les efforts des apôtres. Jésus, sur la Croix, la charge d'être mère de tous les hommes. Ce prénom est devenu très courant en Occident au milieu du Moyen Age. En France, il a souvent été utilisé en association avec un autre prénom.
Type caractérologique : elles sont introverties, et n'aiment pas étaler tous leurs sentiments. Elles sont de remarquables mères de famille, dures au travail, actives, décidées, qui ne se plaignent jamais. Elles considèrent qu'elles ont une mission à remplir et le font avec dévouement, grâce à leur volonté très épanouie, et à leur émotivité. Elles sont dynamiques, ont une bonne intelligence, une grande mémoire. Elles ont une grande richesse, une puissance de rayonnement.
Dérivés : Maria, Myriam, Maryse, Mariette, Manon, Mary, Mariella, Maja, Marisa, Molly, Mariquita, Maureen, Mara, Marion, Irma, Marian, Marielle, Marylène, Mario, Marjolaine, Mireille, Miranda, Molly, Muriel.
Mariel : se fête le 15 août. (Voir : Marie.)
Marielle : se fête le 15 août. (Voir : Marie.)
Marien : se fête le 6 mai.
Saint Marien fut décapité en l'an 258.
Mariette : se fête le 6 juillet. (Voir : Marie.)
Marilyne : se fête le 15 août. (Voir : Marie.)
Marin : se fête le 4 septembre.
Origine : du latin "mare-maris". *Signification :* mer. Saint Marin fut tailleur de pierre à Rimini avant de se retirer dans sa montagne devenue République de Saint-Marin. *Dérivés :* Marina, Marine, Marinette.

Marina : se fête le 20 juillet. (Voir : Marin.)
Marine : se fête le 20 juillet. (Voir : Marin.)
Marinette : se fête le 20 juillet. (Voir : Marina.)
Mario : se fête le 15 août. (Voir : Marie.)
Marion : se fête le 15 août. (Voir : Marie.)
Marisa : se fête le 15 août. (Voir : Marie.)
Marius : se fête le 19 janvier.
Origine : du latin "mare". *Signification :* mer. Saint Marius aurait vécu au IIIe siècle. Ce prénom est devenu celui d'un héros fameux de Marcel Pagnol.
Marjolaine : se fête le 15 août. (Voir : Marie.)
Marjorie : se fête le 20 juillet. (Voir : Marguerite.)
Marlène : se fête les 15 et 18 août. C'est une contraction de Marie-Hélène. La comédienne Marlène Dietrich, Américaine d'origine allemande, s'appelle en réalité Maria Magdalena von Losch.
Mars : se fête le 8 juin. (Voir : Médard.)
Marthe : se fête le 29 juillet.
Origine : de l'araméen "mâr". *Signification :* seigneur.
Sainte Marthe est la patronne des ménagères et des hôteliers. Selon la Bible, elle était la sœur de Lazare et de Marie-Madeleine. *Dérivé :* Martha.
Martial : se fête le 30 juin.
Origine : du latin "martius". *Signification :* guerrier.
Saint Martial vécut au IIIe siècle dans le Limousin. *Dérivé :* Martin.
Martian : se fête le 25 août.
Martin : se fête le 11 novembre.
Origine : du latin "martinus". *Signification :* petit Mars, du dieu Mars.
Né à la frontière hongroise, Martin devint soldat à quinze ans. Il rencontra un pauvre au bord d'un chemin et partagea son manteau avec lui. Evêque de Tours, il évangélisa une grande partie de la France, et eut une grande popularité. Plus de cinq mille églises lui sont consacrées dans ce pays. Sa fête, le 11 novembre, recouvre beaucoup de festivités civiles, comme la célébration de l'Armistice de 1918. De plus, le mot "chapelle", en latin "capella" désigna d'abord l'endroit où était gardé le fameux manteau. Le nom de Martin, tombé un peu en désuétude comme prénom, est très fréquent sous la forme de noms de famille comme Martinet, Martineau, Martinez, Martini, etc. Type caractérologique : ce sont des introvertis, leur volonté est assez moyenne, et leur émotivité un peu trop forte. Cela tend à gêner leur activité, qui est pourtant très efficace. Leur intuition est vive, leur intelligence prompte, méticuleuse. Ils ont une bonne santé, mais ne doivent pas se surmener. Ils sont à la fois sociables et sauvages. Ils ont de la chance, mais doivent apprendre à s'en servir. *Dérivés :* Martine, Marty.
Martina : se fête le 30 janvier. (Voir : Martine.)
Martine : se fête le 30 janvier. (Voir : Martin.)
Sainte Martine, martyre du IIIe siècle, est la patronne de Rome. Une actrice connue : Martine Carol.

Marylène : se fête les 15 et 18 août.
C'est une contraction de Marie-Hélène.
Marylin ou Maryline : se fête le 15 août et le 20 octobre.
C'est une contraction de Marie-Line. Actrice : Marylin Monrœ.
Marylise : se fête le 15 août.
C'est une contraction de Marie-Lise.
Maryse : se fête le 15 août. (Voir : Marie.)
Maryvonne : se fête le 15 août et le 19 mai.
C'est une contraction de Marie-Yvonne.
Mathias ou Matthias : se fête le 14 mai.
Origine : de l'hébreu "matith" et "yâh". *Signification :* don de Dieu.
Saint Matthias, disciple du Christ, remplaça Judas au sein des apôtres.
Dérivés : Mathieu, Matthieu.
Mathieu ou Matthieu : se fête le 21 septembre. (Voir : Mathias.)
Saint Matthieu, un des douze apôtres, est l'auteur du premier Evangile. C'est le patron des douaniers et des percepteurs.
Mathilde : se fête le 14 mars.
Origine : du germain "math-hild". *Signification :* forte au combat. Sainte Mathilde vécut au Xe siècle. *Dérivés :* Maud, Mahaut.
Mathurin : se fête le 1er novembre.
Saint Mathurin est vénéré à Larchant, en Seine-et-Marne.
Dérivé : Mathurine.
Mathurine : se fête le 1er novembre. (Voir : Mathurin.)
Maubert : *Origine :* du germain "amal-berth". *Signification :* illustre.
Maud : se fête le 14 mars. (Voir : Mathilde.)
Maur : se fête le 22 septembre. (Voir : Maurice.)
Saint Maur promulgua en France la règle bénédictine. Une ville porte son nom.
Maureen : se fête le 22 septembre. (Voir : Maurice.)
Maurice : se fête le 22 septembre.
Origine : du latin "Maurus". *Signification :* Maure.
Saint Maurice fut assassiné dans une ville qui porte maintenant son nom. Il vécut au IIIe siècle. Des Maurice célèbres : les écrivains Maurice Barrès, Maurice Maeterlinck, Maurice Carême. Le compositeur Maurice Ravel et le chanteur Maurice Chevalier.
Dérivés : Maur, Maureen, Mauricette, Maurin, Miro, Morgan, Morgane, Morvan.
Mauricette : se fête le 22 septembre. (Voir : Maurice.)
Max : se fête le 14 avril. (Voir : Maximilien.)
Deux écrivains : Max Jacob, Max Gallo. Le réalisateur de cinéma allemand : Max Ophuls. Un acteur, scénariste et réalisateur français : Max Linder.
Maxence : se fête le 14 avril. (Voir : Maxime.)
Maxime : se fête le 14 avril.
Origine : du latin "maximus". *Signification :* le plus grand.
Saint Maxime mourut sous la torture en 662.

Un écrivain russe : Maxime Gorki (1868-1936). *Dérivés :* Maxence, Maximilien, Maximilienne, Maximin.
Maximilien : se fête le 12 mars. (Voir : Maxime.)
Saint Maximilien fut décapité, comme "objecteur de conscience", en l'an 295. Il avait 21 ans. Robespierre se prénommait Maximilien. *Dérivé :* Max.
Maximilienne : se fête le 12 mars. (Voir : Maximilien.)
Maximin : se fête le 29 mai. (Voir : Maxime.)
Médard : se fête le 8 juin.
Saint Médard remplaça saint Eleuthère sur le siège épiscopal de Tournai, au VIe siècle. Ses restes reposent à Soissons. *Dérivé :* Mars.
Mélaine : se fête le 6 janvier.
Saint Mélaine fut évêque de Rennes, au VIe siècle.
Mélanie : se fête le 31 décembre.
Origine : du grec "melas, melanos". *Signification :* noir, basané.
Sainte Mélanie mourut en 439 dans un monastère du mont des Oliviers où elle s'était retirée à la mort de son mari.
Melchior : de l'hébreu "Melchior", nom d'un des trois Rois Mages.
Signification : roi.
Mélusine : *Origine :* personnage de légende médiévale : une faute l'a condamnée à devenir une femme-serpent tous les samedis.
Mercédes : se fête le 15 août.
Origine : de l'espagnol "Maria de los mercedes".
Signification : Marie des remerciements.
Mériadec : se fête le 7 juin. Saint Mériadec répandit l'Evangile en Bretagne.
Merlin : *Origine :* du gallois "Myrddhim". *Signification :* Merlin l'Enchanteur, personnage fabuleux du cycle breton.
Mia : se fête le 19 septembre. (Voir : Emilia.)
Michaël ou Mikaël : se fête le 19 septembre. (Voir : Michel.)
Michel : se fête le 29 septembre.
Origine : de l'hébreu "mika'El". *Signification :* qui est comme Dieu.
Saint Michel, qui triomphe de Satan, est le général des légions célestes. De plus, à l'entrée du ciel, c'est lui qui pèse la vie de chacun. Il s'est superposé à une croyance ancienne, comme au personnage de Gargantua immortalisé par Rabelais. Il se serait manifesté au Mont-Guargant, actuel Mont-Saint-Michel, et au Monte-San-Angelo, dans le massif du Gargano en Italie. En Allemagne, il est lié aux traditions wotaniques, si bien que partout en Europe, sa fête a toujours été très solennelle. Et le prénom l'est devenu aussi.
Type caractérologique : ce sont des introvertis, à l'imagination calme, à la volonté qui peut devenir tyrannique. Leurs amis sont choisis avec soin et jouent un grand rôle. Ils sont très travailleurs, ils ont une intelligence vive, qui pèse toutes les données. Leur vitalité est à toute épreuve, mais ils manquent un peu de diplomatie. *Dérivés :* Michèle, Michelle, Micheline, Michael, Mike, Mick, Mickey, Miguel, Mischa.

Michèle ou Michelle : se fête le 29 septembre. (Voir : Michel.)
Une actrice célèbre : Michèle Morgan.
Micheline : se fête le 19 juin. (Voir : Michel.)
Deux actrices connues : Micheline Presles et Micheline Dax.
Mick : se fête le 29 septembre. (Voir : Michel.)
Mick Jaegger, le chanteur des Rolling Stones.
Mignon : *Origine :* du prénom d'un personnage de Goethe dans son roman *Wilhem Meister*. C'est aussi le titre d'un opéra-comique d'Ambroise Thomas.
Miguel : se fête le 29 septembre. (Voir : Michel.)
Un Miguel célèbre : Miguel de Cervantès, l'auteur espagnol de *Don Quichotte*.
Mike : se fête le 29 septembre. (Voir : Michel.)
Mikis : se fête le 29 septembre. (Voir : Michel.)
Un compositeur grec : Mikis Theodorakis.
Milène : se fête les 15 et 18 août. (Voir : Mylène.)
Millie : se fête le 19 septembre. (Voir : Emilie.)
Ce prénom se rencontre dans beaucoup d'œuvres littéraires.
Mimi : se fête le 15 août. (Voir : Marie.)
Ce prénom se rencontre dans le monde de la chanson avec Mimi Pinson.
Miranda : (voir Mireille)
Mireille : se fête le 15 août. (Voir : Marie.)
Des Mireille célèbres : l'héroïne d'un poème de Mistral; l'actrice Mireille Darc. La chanteuse Mireille est aussi compositeur; son parolier préféré était Jean Nohain.
Dérivé : Miranda
Miro : se fête le 22 septembre. (Voir : Maurice.)
Modeste : se fête le 24 février.
Origine : du latin "modestus". *Signification :* modéré.
Saint Modeste, évêque de Trêves, vécut au Ve siècle.
Moïse : se fête le 4 septembre.
Moïse signifierait "sauvé des eaux". L'origine est contestée. De l'égyptien, la signification serait : présent d'Isis. Selon la Bible, Moïse fut le fondateur d'Israël.
Dérivé : Moshé.
Molly : se fête le 15 août. (Voir : Marie.)
Mona : se fête le 27 août. (Voir : Monique.)
Elle fut la mère de saint Augustin. Léonard de Vinci a immortalisé Mona Lisa, en peignant la *Joconde*.
Monique : se fête le 27 août.
Origine : du nom grec "monos". *Signification :* seule, solitaire.
Sainte Monique vécut au IVe siècle; elle fut la mère de saint Augustin.
Dérivés : Miquette, Mona.
Monulphe : se fête le 21 juillet.
Saint Monulphe fit bâtir la basilique de Saint-Servais au VIe siècle.
Morgan : se fête le 22 septembre. (Voir : Maurice.)
Morgane : se fête le 22 septembre. (Voir : Maurice.)

Morvan : se fête le 22 septembre. (Voir : Maurice.)
Moshé : se fête le 4 septembre. (Voir : Moïse.)
Un général et homme politique israélien : Moshé Dayan.
Muriel : se fête le 15 août. (Voir : Marie.)
C'est la forme normande de Marie.
Murielle : se fête le 15 août. (Voir : Muriel.)
Mylène : se fête les 15 et 18 août.
C'est une contraction de Marie-Hélène. *Dérivé :* Milène.
Myriam : se fête le 15 août. (Voir : Marie.)
Myriam est la forme hébraïque de Marie.
Myrtille : se fête le 5 octobre. (Voir : Fleur.)

N

Nadège : se fête le 18 septembre.
Sainte Nadège fut martyrisée à Rome au IIe siècle. *Dérivé :* Nadia.
Nadia : se fête le 18 septembre. (Voir : Nadège.)
Origine : du slave "nadiejda". *Signification :* espérance.
Nadine : se fête le 18 septembre. (Voir : Nadia.)
Nancy : se fête le 26 juillet. (Voir : Anne.)
Nancy est le nom d'une ville française de la Meurthe-et-Moselle. Elle ne devint française qu'en 1766.
Nanette : se fête le 26 juillet. (Voir : Anne.)
Napoléon : se fête le 15 août.
Origine : soit du grec "neapolis"; soit du mot "Niebelungen". *Signification :* soit ville nouvelle, soit nains de la mythologie allemande gardiens d'un trésor souterrain. Le nom doit sa célébrité à Napoléon Bonaparte qui fut couronné empereur sous l'appellation de Napoléon Ier. Ce grand militaire français, après de nombreuses victoires, connut, comme tous les conquérants, l'amertume de la défaite. Ce fut à Waterloo le 18 juin 1815. Des réformes de Napoléon : la création des lycées, de la Banque de France... Son Code civil servit de modèle au Code civil belge. Napoléon II, fils du premier, ne vécut que 21 ans. Son oncle était Napoléon III.
Narcisse : se fête le 29 octobre.
Origine : du grec "narkê". *Signification :* engourdissement, torpeur.
Dans la mythologie grecque, Narcisse, après s'être aperçu dans l'eau claire d'une fontaine, devint amoureux de son image. On dit qu'une fleur poussa là où il mourut. Cette fleur est le narcisse. Une autre version prétend que son image lui rappela le visage de sa sœur jumelle morte prématurément, et que ce fut pour elle qu'il se laissa languir. Le secrétaire de l'empereur Claude, Narcisse, s'opposa à Agrippine en faveur de Néron, lequel le fit exiler et lui prouva sa gratitude en le faisant... mettre à mort !

Natacha : se fête le 26 août. (Voir : Nathalie.)
Nathalie ou Natalie : se fête le 27 juillet ou le 1er décembre.
Origine : du latin "natalis". *Signification :* natal.
Sainte Nathalie, épouse de saint Aurèle, fut martyrisée en 852. Une autre sainte Nathalie, épouse de saint Adrien, subit le martyre au IVe siècle.
Dérivé : Natacha.
Nathanaël : se fête le 24 août.
Origine : de l'hébreu "nathanaël". *Signification :* Dieu donne. *Dérivé :* Nathanaëlle.
Nathanaëlle : se fête le 24 août. (Voir : Nathanaël.)
Nativa : se fête le 25 décembre. (Voir : Noël.)
Nazaire : se fête le 28 juillet.
Saint Nazaire fut martyrisé à Milan vers l'an 68. Une ville de la Loire-Atlantique, Saint-Nazaire, est aussi un port français de commerce et de pêche. Durant la guerre 40-45, les Allemands y installèrent une base importante de sous-marins.
Nella : se fête le 18 août. (Voir : Hélène.)
Nellia : se fête le 18 août. (Voir : Hélène.)
Nello : se fête le 25 décembre. (Voir : Noël.)
Nelly : se fête le 18 août. (Voir : Hélène.)
Nérée : se fête le 12 mai.
Origine : du grec "Nêreus". Nérée était l'un des dieux de la mer. Il fut le père de 50 filles appelées les Néréides. C'est le dieu bienveillant des navigateurs.
Nestor : se fête le 26 février.
Origine : du grec "Nestor". *Signification :* qui rentre chez lui heureusement. Ce chef légendaire de *l'Iliade* était roi de Pylos. Apollon le fit vivre le temps de trois générations. Quant à saint Nestor, il fut crucifié en Turquie en l'an 251.
Neville : prénom anglais.
Nicaise : se fête le 14 décembre.
Origine : du grec "nikê". *Signification :* vainqueur.
Saint Nicaise, évêque de Reims, fut massacré par les Vandales au VIe siècle.
Nick : se fête le 6 décembre. (Voir : Nicolas.)
Nicodème : se fête le 3 août.
Origine : du grec "nikê-demos". *Signification :* peuple vainqueur. Selon l'Evangile de saint Jean, saint Nicodème aida à ensevelir Jésus.
Nicolas : se fête le 6 décembre.
Origine : du grec "nikê" et "laos". *Signification :* vainqueur des peuples. Evêque de Myre (Turquie) au IIIe siècle, il fut extrêmement populaire, et de nombreuses légendes se sont surajoutées au personnage. Dans les pays du Nord, il est celui qui, avant Noël, vient apporter des cadeaux aux enfants sages. Son serviteur est à assimiler à l'une des anciennes figures du paganisme. Aux Etats-Unis, Santa Claus, avec son manteau rouge et sa barbe blanche, fut introduit par les émigrés du nord de l'Europe, où il est revenu ensuite sous la forme du "Père Noël". Saint Nicolas est le patron des vieux garçons (tenir la crosse de saint Nicolas), des avo-

cats (le bâtonnier, avec à l'origine, cette même crosse). Des empereurs russes ont porté ce nom. La chanson *Colin, mon petit frère* a bercé bien des générations de bébés, Nicolas Copernic, Nicolas Boileau ont illustré ce nom, et en Angleterre, l'expression "Old Nick" désigne le diable.
Type caractérologique : ce sont des êtres qui ne vivent que lorsqu'ils se sont fixé un but précis. Ils ont une âme de chef et ils savent tout donner à une cause. Ils ont une volonté écrasante, une grande maîtrise, une émotivité qui sait s'adapter et une activité débordante ! Ils ont une intelligence synthétique et analytique, ce qui est rare. *Dérivés :* Nicole, Colas, Colette, Niklaus, Colin, Claus, Klaus, Niels, Nick, Nicoletta.
Nicole : se fête le 6 mars. (Voir : Nicolas.)
Nicoletta : se fête le 6 mars. (Voir : Nicolas.)
Nikita : se fête le 31 janvier.
Origine : du grec "nikê". *Signification :* victoire.
Saint Nikita fut martyrisé à Corinthe, au IIIe siècle.
Nikita Khrouchtchev fut un homme politique soviétique. Il mourut en 1971. Brejnev (décédé en 1982) avait été son successeur.
Nina : se fête le 14 janvier.
Sainte Nina commença la conversion de la Géorgie au IVe siècle. *Dérivés :* Ninette, Ninon.
Noé : se fête le 10 novembre.
Origine : de l'hébreu "noach". *Signification :* repos.
Selon la Bible, le patriarche Noé fut le seul juste sauvé du Déluge. Son "Arche" est célèbre.
Noël : se fête le 25 décembre.
Origine : du latin "natalis". *Signification :* natal.
La date de la nativité de Jésus est inconnue. Elle fut choisie par des papes et fixée au 25 décembre pour éviter que la fête ne coïncide avec celle du solstice d'hiver (le 21 décembre) chère aux non-croyants. Un acteur français très connu : Noël-Noël. *Dérivés :* Manoël, Nativa, Nello, Noëlie, Noëlia, Noëlla, Noëlle.
Noëlia : se fête le 25 décembre. (Voir : Noël.)
Noëlie : se fête le 25 décembre. (Voir : Noël.)
Noëlla : se fête le 25 décembre. (Voir : Noël.)
Noëlle : se fête le 25 décembre. (Voir : Noël.)
Noémie : se fête le 21 août.
Origine : de l'hébreu "na'omi". *Signification :* ma douceur.
Nolwenn : se fête le 6 juillet.
Origine : bretonne. *Signification :* terre nouvellement défrichée.
Nora : se fête le 25 juin. (Voir : Eléonore.)
Norbert : se fête le 6 juin.
Origine : du germain "north" et "berth". *Signification :* éclat du Nord. Saint Norbert, originaire de Rhénanie, fut prédicateur dans le Hainaut et le Brabant. Il mourut en 1134.

Un spéléologue français très connu, Norbert Casteret, découvrit plusieurs sites préhistoriques. *Dérivé :* Norberte.
Norberte : se fête le 6 juin. (Voir : Norbert.)
Norma : *Origine :* du celte "north-man". *Signification :* homme du Nord. La *Norma* est un opéra de Vincenzo Bellini composé, en 1831, pour la Scala de Milan. L'héroïne est une Gauloise, fille de druide.
Numa : *Origine :* du grec "nomos". *Signification :* loi.
Un roi légendaire de Rome, Numa Pompilius, aurait divisé l'année en 12 mois tout en distinguant les jours fastes et néfastes.
Nymphe : se fête le 10 novembre.
Sainte Nymphe fut une vierge et martyre du Ve siècle.

O

Obert : *Origine :* du germain "od-berth". *Signification :* très riche.
Octave : se fête le 20 novembre.
Origine : du latin "octavius". *Signification :* le huitième.
Saint Octave, qui vécut au IIIe siècle, est vénéré à Turin. L'empereur romain Auguste, petit-neveu de César, s'appela d'abord Octave, puis Octavien. Il mourut en l'an 14. Son règne fut surnommé "le siècle d'Auguste" tant son rayonnement fut grand. Auguste protégea les arts et les lettres, et notamment les poètes latins: Horace, Virgile, Ovide... *Dérivés :* Octave, Octavien, Octavienne, Octavie.
Octavie : se fête le 20 novembre. (Voir : Octave.)
Octavie eut Messaline pour mère, Britannicus pour frère, et pour époux Néron, qui la contraignit à s'ouvrir les veines en 62. Une autre Octavie n'eut guère plus de chance. Sœur d'Auguste, elle vit son mari Antoine tomber amoureux de Cléopâtre...
Octavien : se fête le 6 août. (Voir : Octave.)
Octavienne : se fête le 6 août. (Voir : Octavien.)
Ode : se fête le 14 décembre. (Voir : Odile.)
Odette : se fête le 20 avril.
Origine : du germain "odo". *Signification :* richesse. La bienheureuse Odette se coupa le nez pour ne pas qu'on la marie. Elle vécut au XIIe siècle.
Dérivés : Ode, Odile, Odilon.
Odile : se fête le 14 décembre. (Voir : Odette.)
Sainte Odile est la patronne de l'Alsace.
Odilon : se fête le 4 janvier. (Voir : Odile.)
Saint Odilon, abbé de Cluny, mourut en l'an 1049.
Un poète belge du XXe siècle a pour nom Odilon-Jean Périer.
Odon : se fête le 14 janvier.
Saint Odon, qui fut lui aussi abbé de Cluny, vécut au Xe siècle.

Oger : *Origine :* du germain "od-gari". *Signification :* lance puissante.
Ogier : *Origine :* du nom d'Ogier le Danois, personnage qui apparaît dans *La Chanson de Roland*, le premier chef-d'œuvre de la poésie épique française.
Olav ou Olaf : se fête le 29 juillet.
Origine : du germain "odo". *Signification :* richesse.
Saint Olaf II fut d'abord Viking. Il se convertit et mourut en héros national en 1030. On trouve six Olaf rois de Suède et deux rois du Danemark.
Olga : se fête le 11 juillet.
Origine : du slave. *Signification :* heureuse. Sainte Olga vécut au Xe siècle, à Kiev, en Ukraine.
Olive : se fête le 5 mars.
Origine : du latin "oliva". *Signification :* olive, olivier.
Sainte Olive mourut martyre à Brescia en 119. Au XXe siècle, l'Olive la plus populaire est l'épouse de... Popeye ! *Dérivés :* Olivette, Olivia.
Olivia : se fête le 5 mars. (Voir : Olive.)
Olivia de Haviland est une actrice de cinéma très connue.
Olivier : se fête le 12 juillet.
Origine : du latin "oliva". *Signification :* olive, olivier.
Olivier, fidèle compagnon de Roland le Preux, fut popularisé par *La Chanson de Roland*, histoire légendaire basée sur une défaite de l'arrière-garde de l'armée de Charlemagne. L'homme politique anglais du XVIIe siècle, Cromwell, se prénommait Oliver... comme le gros acteur américain Hardy, le compagnon inséparable du mince Stan Laurel.
Le bienheureux Olivier, primat d'Irlande du XVIIe siècle, fut «pendu, vidé et démembré».
Olympe : *Origine :* du grec "olumpos". *Signification :* qui vient de l'Olympe, massif de Thessalie où séjournaient les dieux de la mythologie.
Omer : se fête le 9 septembre.
Origine : du germain "odo" et "mar". *Signification :* riche, célèbre. Saint Omer mourut aveugle au VIIe siècle. La ville française de Saint-Omer fut bâtie à partir du monastère fondé par le saint dans le Pas-de-Calais. *Dérivé :* Omérine.
Omérine : se fête le 9 septembre. (Voir : Omer.)
Ondine : *Origine :* de la mythologie grecque. *Signification :* habitantes de l'onde qui séduisaient pêcheurs et marins voyageurs pour les entraîner au fond des eaux dans leur palais de cristal.
Onésime : se fête le 16 février.
Origine : du grec "onêsimos". *Signification :* utile.
Ophélie : *Origine :* du grec "ophelia". *Signification :* secours, assistance. Prénom immortalisé par Shakespeare dans *Hamlet*.
Opportune : *Origine :* du latin "opportuna". *Signification :* propice, favorable.
Orianne : se fête le 4 octobre. (Voir : Aure.)
Oscar : se fête le 3 février.
Origine : du germain "osovan" et "gari". *Signification :* lance de Dieu.

Saint Oscar, après avoir été évangélisateur au Danemark et en Suède, fut nommé évêque de Hambourg. Il vécut au IXe siècle. Oscar Wilde est un grand nom de la littérature anglaise.
Oswald : se fête le 5 août.
Origine : du germain "osth" et "wald". *Signification :* homme qui vient des bois du Sud. Saint Oswald, qui était roi, mourut au combat le 5 août 642.
Othello : prénom immortalisé par Shakespeare dans *Othello* où il décrit les drames provoqués par la jalousie.
Otmar : se fête le 16 novembre.
Saint Otmar, abbé suisse, avait le sens de la charité. Il se dépouillait de ses vêtements qu'il offrait aux pauvres. Il vécut au VIIIe siècle.
Ovide : *Origine :* du latin "Ovidius". C'est le patronyme du poète latin Ovide, auteur notamment de *L'Art d'Aimer*. Il mourut vraisemblablement en l'an 18.

P

Pablo : se fête le 29 juin. (Voir : Paul.)
Le peintre Picasso se prénommait Pablo. Deux autres Pablo très connus : le poète chilien Pablo Neruda, le violoncelliste et chef d'orchestre espagnol Pablo Casals.
Paco : se fête le 4 octobre. (Voir : François.)
Pacôme : se fête le 9 mai.
Saint Pacôme a formé, en Egypte, les premiers moines chrétiens. Il vécut au IVe siècle.
Une comédienne française porte ce nom : Maria Pacôme.
Palmyre : *Origine :* du grec "Palmura". *Signification :* cité des palmiers.
Pam : se fête le 16 février. (Voir : Paméla.)
Paméla : Origine : il s'agit d'un prénom de fantaisie choisi par le romancier anglais Samuel Richardson, dans l'œuvre *Paméla ou la Vertu récompensée"* publiée en 1740.
Paola : se fête le 26 janvier. (Voir : Paul.)
La princesse de Liège, Paola, est la belle-sœur du roi des Belges, Baudouin Ier.
Pâquerette : se fête le 5 octobre. (Voir : Fleur.)
Paquita : se fête le 9 mars. (Voir : Françoise.)
Paquito : se fête le 4 octobre. (Voir : François.)
Parfait : se fête le 18 avril.
Saint Parfait, prêtre de Cordoue, fut décapité en 850.
Pascal : se fête le 17 mai.
Origine : du latin "pasqualis". *Signification :* l'homme de la Pâque. Saint Pascal vécut au XVIe siècle. Ce berger devint franciscain. Quant à Blaise Pascal, savant, penseur et écrivain du XVIIe siècle, il est l'auteur d'un ouvrage très connu intitulé *Pensées*. *Dérivés :* Pascale, Pascaline.

Pascale : se fête le 17 mai. (Voir : Pascal.)
Pascaline : se fête le 17 mai. (Voir : Pascal.)
La première machine à calculer inventée par Blaise Pascal fut appelée la Pascaline.
Pat : se fête le 17 mars.
C'est un diminutif de Patricia.
Patrice : se fête le 17 mars. (Voir : Patrick.)
Patricia : se fête le 17 mars. (Voir : Patrick.)
Patrick : se fête le 17 mars.
Origine : du latin "patricius". *Signification :* patricien.
Né en Angleterre, le patron de l'Irlande fut capturé à seize ans par des pirates irlandais et réduit en esclavage. Il va s'évader, se convertir au christianisme et revenir évangéliser l'Irlande. Il y devint très populaire : la feuille de trèfle, qu'il avait choisie pour symboliser la Trinité, devint l'emblème de l'Irlande. Ce prénom est également répandu aux Etats-Unis.
Dérivés : Patricia, Patrice, Pat, Patricio, Patty.
Paul : se fête le 29 juin.
Origine : du latin "paulus". *Signification :* petit.
Juif et citoyen romain, Saül persécutait les chrétiens. Le Christ le convertit sur le chemin de Damas et il prit le surnom de Paul. Il fit trois voyages apostoliques, fonda des églises, auxquelles il adressa les fameuses Epîtres. Il fut ensuite persécuté et mourut décapité.
Ce nom a été porté par des papes, dont Paul VI, mort en 1978, des écrivains comme Paul Eluard, des peintres comme Pablo Picasso; des musiciens comme Paul Hindemith, des explorateurs comme Paul-Emile Victor.
Type caractérologique : ce sont des passionnés, très émotifs, très précis, à l'intelligence très efficace; ils réalisent à fond ce qu'ils font. Ils ont de l'autorité si nécessaire. Quand ils ne s'obstinent pas, leur volonté est très efficace. Ils ont une bonne intuition, une intelligence profonde, mais un peu lente, ils sont affectueux, scrupuleux, ont une bonne vitalité et se servent intelligemment de leurs relations.
Dérivés : Paule, Pauline, Paula, Paolo, Paulette, Palina, Pablo, Pol.
Paula : se fête le 26 janvier. (Voir : Paul.)
Paule : se fête le 26 janvier. (Voir : Paul.)
Sainte Paule fonda un monastère à Bethléem, où elle mourut en l'an 404.
Paulette : se fête le 26 janvier. (Voir : Paul.)
Paulin : se fête le 11 janvier.
Saint Paulin fut l'un des plus grands évêques sous le règne de Charlemagne. Un fromage réputé porte son nom.
Pauline : se fête le 26 janvier. (Voir : Paul.)
Dans la tragédie *Polyeucte* de Corneille, Pauline est l'épouse de Polyeucte. Une comédienne pittoresque : Pauline Carton.
Paulus : se fête le 26 janvier. (Voir : Paul.)
Peggy : se fête le 8 janvier. (Voir : Marguerite.)

Pélagie : se fête le 8 octobre.
Origine : du grec "pelagos". *Signification :* haute mer.
Sainte Pélagie, arrêtée comme chrétienne, se jeta du haut de sa maison. Elle avait quinze ans. Elle vécut au IIIe siècle.
Pénélope : se fête le 1er novembre.
Origine : du grec "Pênelopê". Ce prénom porté par la femme d'Ulysse a été popularisé par *l'Odyssée*. La mère de Télémaque est devenue le symbole de la fidélité conjugale.
Pépin : *Origine :* du germain "pippin". *Signification :* qui tremble. Plusieurs rois ont porté ce nom. Le roi des Francs, le premier des Carolingiens, fut Pépin le Bref, fils de Charles Martel. Il naquit à Jupille en 714 et mourut en 768 à Saint-Denis.
Perceval : *Origine :* du gallois "Peredus". C'est le nom d'un héros du cycle breton intitulé *Perceval ou le conte du Graal*.
Perrette : se fête le 31 mai.
Perrette et le pot au lait est l'une des fables les plus connues du fabuliste français du XVIIe siècle : Jean de La Fontaine.
Perrin : se fête le 31 mai.
Perrine : se fête le 31 mai. (Voir : Pétronille.)
Pervenche : se fête le 5 octobre. (Voir : Fleur.)
Peter : se fête le 29 juin. (Voir : Pierre.)
Peter Pan est un personnage de roman imaginé par l'auteur écossais James Barrie. Cette œuvre célèbre a été écrite en 1904. Son titre exact : *Peter Pan ou le petit garçon qui ne voulait pas grandir*.
Pétronille : se fête le 31 mai.
Origine : du latin "pétronilla". *Signification :* petite roche.
Sainte Pétronille, convertie par saint Pierre, mourut vierge au Ier siècle.
Dérivés : Pernelle, Péroline, Perrine.
Pétula : prénom anglais.
La chanteuse Pétula Clark a popularisé ce prénom.
Philéas : *Origine :* du grec "philein". *Signification :* aimer.
Philéas est le prénom d'un personnage imaginé par le romancier Jules Verne dans son œuvre célèbre *Le tour du Monde en quatre-vingts jours* écrite en 1873.
Dérivé : Philémon.
Philémon : (Voir : Philéas.)
Epoux de Baucis selon une légende rapportée par Ovide. Après leur mort, ils furent transformés en deux arbres.
Philibert : se fête le 20 août.
Origine : du germain "fili-berth". *Signification :* très brillant.
Saint Philibert, au VIIe siècle, fonda l'abbaye de Noirmoutier. *Dérivés :* Philiberte, Phyl.
Philiberte : se fête le 20 août. (Voir : Philibert).
Philippe : se fête le 3 mai.
Origine : du grec, "philos" et "hippos". *Signification :* ami des chevaux. Ce nom

fut très populaire en Asie Mineure (cf. Philippe de Macédoine). Saint Philippe fut chargé d'amener les autres au Christ. Il aurait évangélisé l'actuelle Roumanie. Il est le patron du Luxembourg, du Brabant et de l'Uruguay. Plusieurs rois de France ont porté ce nom, comme Philippe Auguste, Philippe le Bel. Ce nom fut très populaire en Allemagne lors de la Réforme. Il est également connu en Angleterre, tel le prince Philip d'Edimbourg.
Type caractérologique : ce sont des extravertis, passionnés, qui vibrent à tout ce qui concerne l'humanité. Ils sont émotifs, sensibles, leur amitié est solide. Ils se dominent bien. Leur activité est débordante, ils aiment les responsabilités et savoir où ils vont. Leur intelligence est très claire et leur mémoire est remarquable, leur vitalité est prodigieuse, ils sont très sociaux, savent recevoir. Ils réussissent bien. Leur personnalité est très riche. *Dérivés :* Philippine, Fillippo, Felipe.
Philippine : se fête le 3 mai. (Voir : Philippe.)
Philomène : se fête le 13 août.
Sainte Philomène, religieuse espagnole, vécut au XIXe siècle. *Dérivé :* Phina.
Pie : *Origine :* du latin "pius". *Signification :* pieux.
Pierre : se fête le 29 juin.
Origine : du grec "petros". *Signification :* rocher.
Originaire de Palestine, il s'appelait Simon Bar Iona, mais Jésus le surnomma Kêphas, c'est-à-dire Pierre, indiquant ainsi qu'il en faisait le chef de l'Eglise. Il devint évêque de Rome, où Néron le persécuta. Il est enseveli sur le Vatican, où Constantin fera édifier la basilique. En France, ce fut un nom de baptême très répandu, ainsi que les prénoms féminins apparentés. Après un certain déclin, surtout dans les pays réformés, il revint à la mode avec le *Peter Pan* de J.-M. Barrie. Trois tsars de Russie, dont Pierre le Grand, ont porté ce nom, illustré encore par Pierre l'Ermite, le chimiste Pierre Curie, le peintre hollandais Pieter Mondrian, les écrivains Pierre Ronsard, Pierre Loti. On notera qu'aucun pape n'a depuis porté ce nom.
Type caractérologique : ils ont un caractère bouillonnant, car ce sont des colériques nerveux. Leur volonté est variable, il faut donc leur donner des actions structurées. Ils sont émotifs, il ne faut pas les bousculer, mais leur donner le temps de réfléchir. Ils entreprennent souvent plusieurs choses à la fois et ont une grande conscience professionnelle. Ils ont une intuition très puissante, sont intelligents, imaginatifs. Sous leur aspect de fonceurs, ils cherchent la tendresse. Ils ont du charme, le sens de l'amitié, leur sociabilité varie en fonction des événements : ils seront exubérants ou timides ! Ils ont de la chance toute leur vie. *Dérivés :* Pierrette, Perrine, Peter, Pierrick, Pern, Pieter, Petrus, Pedro, Piero, Pino.
Pierrette : se fête le 31 mai. (Voir : Pierre.)
Pierrick : se fête le 29 juin. (Voir : Pierre.)
Pierrot : se fête le 31 mai. (Voir : Pierre.)
Pierrot est un personnage de la comédie italienne. Il fit ses premières apparitions à Paris dès le XVIe siècle, sous le nom de Pedrelino, et connut le succès deux siècles après.

Placide : se fête le 5 octobre.
Origine : du latin "placidus". *Signification :* doux de caractère.
Saint Placide fut massacré en Sicile par des pirates, en 541.
Pol : se fête le 12 mars. (Voir : Paul.)
Saint Pol fut évêque dans le Finistère à Saint-Pol-de-Léon. Il est né en Angleterre vers l'an 480. Un artiste wallon : Pol Bury.
Polycarpe : se fête le 23 février.
Origine : du grec "poly-karpos". *Signification :* fruit copieux.
Saint Polycarpe, évêque de Smyrne, vécut au IIe siècle.
Pons : *Origine :* du latin "pons". *Signification :* pont.
Priscilla : se fête le 16 janvier.
Origine : du latin "priscus". *Signification :* ancien.
Sainte Priscilla est peu connue. Une catacombe romaine porte son nom.
Privat : se fête le 21 août.
Saint Privat fut mis à mort en Lozère.
Prométhée : *Origine :* du grec "Promêtheus". Prométhée cacha dans un bâton creux le feu dérobé aux dieux au profit des hommes.
Proserpine : *Origine :* divinité des Enfers dans la religion romaine.
Prosper : se fête le 25 juin.
Origine : du latin "prosperus". *Signification :* florissant.
Saint Prosper vécut au Ve siècle. Un écrivain : Prosper Mérimée. *Dérivé :* Prospérine.
Prospérine : se fête le 25 juin. (Voir : Prosper.)
Prote : se fête le 11 septembre.
Saint Prote et son frère saint Hyacinthe moururent martyrs, en l'an 257.
Prudence : se fête le 6 mai. (Voir : Prudent.)
Prudent : se fête le 6 mai.
Origine : du latin "prudens". *Signification :* circonspect. *Dérivé :* Prudence.
Prudentienne : se fête le 19 mai.
Sainte Prudentienne fut une vierge martyrisée.
Pulchérie : se fête le 10 novembre.
Origine : du latin "pulcher". *Signification :* beau.
Sainte Pulchérie a été impératrice d'Orient au Ve siècle.

Q

Quasimodo : se fête le 1er novembre.
Origine : nom d'un personnage du roman de Victor Hugo, *Notre-Dame de Paris*, publié en 1831. C'est aussi le nom d'un poète italien qui reçut le prix Nobel de littérature en 1959.
Quentin : se fête le 31 octobre.

Origine : du latin "quintus". *Signification :* cinquième.
Quentin Durward est un roman célèbre du poète et romancier écossais Walter Scott, paru en 1823.

R

Rachel ou Rachèle : se fête le 15 janvier.
Origine : de l'hébreu "Rachel", personnage biblique. *Signification :* brebis. Selon la Bible, Jacob épousa d'abord Lia, sœur de Rachel. Quatorze ans plus tard, il prit Rachel pour femme.
Rainier : se fête le 17 juin.
Origine : du germain "ragin". *Signification :* conseil.
Le bienheureux Rainier aurait opéré des miracles au XIIe siècle, à Pise. L'époux de la regrettée Grace Kelly est le troisième Rainier à être prince de Monaco.
Raïssa : se fête le 5 septembre.
Sainte Raïssa, originaire d'Alexandrie, fut martyrisée vers l'an 300.
Ralph : se fête le 21 juin. (Voir : Rodolphe.)
Ramon : se fête le 7 janvier. (Voir : Raymond.)
Ramona : se fête le 7 janvier. (Voir : Raymond.)
Raoul : se fête le 7 juillet.
Origine : du germain "rad" et "wulf". *Signification :* assistant au conseil. Saint Raoul, archevêque de Bourges, mourut en 866.
Un peintre, dessinateur et graveur français connu : Raoul Dufy. Il est mort en 1953.
Raphaël : se fête le 29 septembre.
Origine : de l'hébreu "repha'él". *Signification :* Dieu nous guérit. Saint Raphaël, devenu homme, aida Tobie le Jeune à guérir Tobie l'Ancien de sa cécité. Le peintre italien Raphaël vécut au XVIe siècle. *Dérivés :* Raphaëlla, Raphaëlle.
Raphaëlla : se fête le 29 septembre. (Voir : Raphaël.)
Raphaëlle : se fête le 29 septembre. (Voir : Raphaël.)
Raymond : se fête le 7 janvier.
Origine : du germain "ragin" et "mundo". *Signification :* celui qui conseille, assure la protection. Saint Raymond, confesseur du pape Grégoire IX, mourut en 1275.
L'auteur du *Diable au Corps* écrit en 1923 et porté plus tard à l'écran, fut Raymond Radiguet. Un comédien français, d'origine belge : Raymond Rouleau. *Dérivés :* Ramon, Ramuntcho, Raymonde, Remo.
Raymonde : se fête le 7 janvier. (Voir : Raymond.)
Rebecca ou Rebeca : se fête le 23 mars.
Rebecca, personnage de la Bible, était l'épouse d'Isaac.
Régina : se fête le 7 septembre. (Voir : Reine.)
Réginald : se fête le 17 septembre. (Voir : Renaud.)

Régine : se fête le 7 septembre. (Voir : Reine.)
Sainte Régine a donné son nom à Alésia (Alise-Sainte-Reine).
Dérivé : Gina.
Régis : se fête le 16 juin.
Origine : du latin "rex, regis". *Signification :* roi.
Saint Régis mourut en 1640 dans une avalanche en Ardèche.
Reine : se fête le 7 septembre.
Origine : du latin "regina". *Signification :* reine.
Sainte Régine et sainte Reine ne sont qu'une seule et même personne.
Dérivés : Régina, Régine, Réjane.
Réjane : se fête le 7 septembre. (Voir : Régine.)
Une actrice française : Gabrielle Réju, dite Réjane (1856-1920).
Relinde : se fête le 13 février.
Sainte Relinde, née près de Tongres, fut religieuse à Valenciennes.
Remacle : se fête le 4 septembre.
Remi ou Remy : se fête le 15 janvier.
Origine : du latin "remex, remigis". *Signification :* rameur.
Saint Remi baptisa le roi franc Clovis, en 498, à Reims.
Remo : se fête le 7 janvier. (Voir : Raymond.)
Renald : se fête le 17 septembre. (Voir : Renaud.)
Renaldine : se fête le 17 septembre. (Voir : Renaud.)
Renan : se fête le 1er juin.
Un écrivain français : Ernest Renan (XIXe siècle).
Renat : se fête le 19 octobre. (Voir : René.)
Renata : se fête le 19 octobre. (Voir : René.)
Renato : se fête le 19 octobre. (Voir : René.)
Renaud : se fête le 17 septembre.
Origine : du germain "ragin" et "waltan". *Signification :* qui gouverne sagement.
Saint Renaud, originaire de Picardie, vécut en ermite. Il mourut en 1103 dans la Sarthe.
Le cadet des quatre fils Aymon se prénommait Renaud. *Dérivés :* Réginald, Renald, Renaldine, Ronald, Roman, Ronny.
René : se fête le 19 octobre.
Origine : du latin "renatus". *Signification :* né une seconde fois.
Saint René Goupil fut martyrisé, au Canada, en 1642.
Un grand penseur du XIIe siècle français : René Descartes.
Le thermomètre à alcool fut inventé par René Réaumur. *Dérivés :* Renat, Renata, Renato, Renée, Renelle, Renelde.
Renée : se fête le 19 octobre. (Voir : René.)
Renelde : se fête le 19 octobre. (Voir : René.)
Renelle : se fête le 19 octobre. (Voir : René.)
Rex : (Voir : Régine.)
Ricardo : se fête le 3 avril. (Voir : Richard.)

Richard : se fête le 3 avril.
Origine : du germain "rik" et "hart". *Signification :* roi fort.
Saint Richard fut recteur de l'Université d'Oxford, au XIIIe siècle. Un roi célèbre: Richard Cœur de Lion. Deux compositeurs allemands : Richard Wagner (1813-1883), Richard Strauss (1864-1949). *Dérivé :* Ricardo.
Rik : se fête le 13 juillet. (Voir : Henri.)
Rita : se fête le 22 mai.
Origine : de l'ancien français "riste". *Signification :* corde, fil de chanvre. Sainte Rita, née en Italie d'une famille pauvre, vécut au XIe siècle. Elle est invoquée pour les causes désespérées. Une actrice américaine : Rita Hayworth.
Robert : se fête le 30 avril.
Origine : du germain "hrod" et "beri". *Signification :* gloire brillante.
Au XIe siècle, il se fait moine et prend la tête d'un groupe d'ermites qui s'installent à Molesmes. Puis il ira fonder l'abbaye de Cîteaux avant de revenir mourir à Molesmes. Ce nom fut donc très populaire au Moyen Age : le père de Guillaume le Conquérant se prénommait Robert le Diable. Un des premiers souverains français excommuniés par Rome fut Robert le Pieux. Dans les fables, le surnom traditionnel du mouton était Robin, d'où le mot de robinet, car ils étaient au début toujours surmontés d'une tête de cet animal. Il fut encore popularisé par les aventures de Robin des Bois. Ruprecht était en Allemagne le serviteur de saint Nicolas.
Dérivés : Roberte, Roberta, Robertin, Robertine, Roberto, Robin, Robby, Bob, Bobby, Roparz, Ruprecht, Rupert.
Roberta ou Robertha : se fête le 30 avril. (Voir : Robert.)
Roberte : se fête le 30 avril. (Voir : Robert.)
Robertin : se fête le 30 avril. (Voir : Robert.)
Robertine : se fête le 30 avril. (Voir : Robert.)
Roberto : se fête le 30 avril. (Voir : Robert.)
Un chef d'orchestre ancien, enfant prodige : Roberto Benzi.
Robin : se fête le 30 avril. (Voir : Robert.)
Un héros saxon légendaire : Robin des Bois.
Roch : se fête le 16 août.
Saint Roch, le patron des carriers, a vécu au XIVe siècle.
Rodolphe : se fête le 21 juin.
Origine : du germain "hrod" et "wulf". *Signification :* loup glorieux.
Saint Rodolphe, évêque de Bourges, vécut au IXe siècle.
Des empereurs, des rois Rodolphe ont existé, notamment en Bourgogne.
Dérivés : Ralph, Rudolf, Rudy.
Rodrigue : se fête le 13 mars.
Origine : du germain "hrod-rê". *Signification :* très glorieux.
Saint Rodrigue fut décapité en même temps que son ami saint Salomon en 857. Il était prêtre de Cordoue.
Don Rodrigue est le héros espagnol du *Cid* de Corneille.
Rogatien : se fête le 24 mai.

Saint Rogatien fut martyrisé à Nantes au IVe siècle, en compagnie de son frère, saint Donatien.
Roger : se fête le 30 décembre.
Origine : du germain "hrod" et "gari". *Signification :* lance glorieuse. Saint Roger vécut au XIIe siècle. Il fut évêque de Cannes. Deux écrivains français du XXe siècle : Roger Martin du Gard, Roger Vailland.
Roland : se fête le 15 septembre.
Origine : du germain "hrod" et "land". *Signification :* d'un pays glorieux. Saint Roland, ermite italien, vécut au XIVe siècle. Un musicien célèbre : Roland de Lassus (XVIe siècle). Roland le Preux fut le héros de la *Chanson de Roland*, écrite vers la fin du Xe siècle et publiée en 1837. *Dérivés :* Rolanda, Rolande.
Rolanda : se fête le 13 mai. (Voir : Roland.)
Rolande : se fête le 13 mai. (Voir : Roland.)
Sainte Rolande vécut au VIIIe siècle ou au IXe siècle à Cologne.
Romain : se fête le 28 février.
Origine : du latin "Romanus". *Signification :* romain.
Saint Romain vécut au Ve siècle. Deux écrivains français : Romain Rolland et Romain Gary. *Dérivés :* Romaine, Romanie.
Romaine : se fête le 28 février. (Voir : Romain.)
Rombaut : se fête le 1er juillet.
Saint Rombaut fut martyrisé à Malines, au VIIIe siècle.
Roméo : se fête le 25 février. (Voir : Juliette.)
Romuald : se fête le 19 juin.
Saint Romuald mourut dans la solitude en l'an 1027.
Ronald : se fête le 17 septembre. (Voir : Renaud.)
Ronald Reagan a été président des Etats-Unis.
Ronan : se fête le 1er juin. (Voir : Renaud.)
Ronny : se fête le 1er juin. (Voir : Renaud.)
Rosa : se fête le 23 août. (Voir : Rose.)
Une révolutionnaire allemande : Rosa Luxemburg.
Rosalia : se fête le 4 septembre. (Voir : Rosalie.)
Rosalie : se fête le 4 septembre. (Voir : Rose.)
Sainte Rosalie est la patronne de Palerme et de la Sicile. Elle vécut au XIIe siècle.
Rosalinde : se fête le 23 août. (Voir : Rose.)
Rosanna : se fête le 23 août. (Voir : Rosanne.)
Rosanne : se fête le 23 août.
C'est une contraction de Rose-Anne.
Rose : se fête le 23 août.
Origine : du latin "rosa". *Signification :* rose.
Sainte Rose de Lima, patronne de l'Amérique, mourut en 1617. Cette recluse était éprise de mysticisme. *Dérivés :* Eglantine, Rosa, Rosalia, Rosalie, Rosemonde, Rosetta, Rosette, Rosi, Rosy, Rosine, Rosita, Rozenn.
Roseline ou Roselyne : se fête le 17 janvier.

Origine : du latin "rosa" et du germain "lind". *Signification :* douce rose. La bienheureuse Roseline mourut en 1329.
Rosemonde : se fête le 23 août. (Voir : Rose.)
Rosetta : se fête le 23 août. (Voir : Rose.)
Rosette : se fête le 23 août. (Voir : Rose.)
Rosi ou Rosy : se fête le 23 août. (Voir : Rose.)
Rosine : se fête le 11 mars. (Voir : Rose.)
Rosita : se fête le 23 août. (Voir : Rose.)
Roxane : elle fut l'épouse d'Alexandre le Grand.
Roxane est le nom de deux héroïnes de théâtre, celle de la tragédie *Bajazet* de Racine (en 1672) et la femme aimée par le *Cyrano de Bergerac* de Rostand (en 1807).
Rudolf : se fête le 21 juin. (Voir : Rodolphe.)
Un acteur romantique célèbre : Rudolf Valentino.
Rudy : se fête le 21 juin. (Voir : Rodolphe.)
Rufin : se fête le 14 juin.
Origine : du latin "rufus". *Signification :* roux.
Saint Rufin, garde d'un magasin à blé, fut décapité au IVe siècle. *Dérivé :* Rufine.
Rufine : se fête le 10 juillet. (Voir : Rufin.)
Sainte Rufine, vierge martyre, disparut en l'an 257.
Rupert ou Ruprecht : se fête le 27 mars. (Voir : Robert.)
Ruth : se fête le 1er septembre.
Origine : de l'hébreu "ruth". *Signification :* ami, compagne.
Personnage du Livre de Ruth dans la Bible. Elle fut l'arrière-grand-mère de David.

S

Sabine : se fête le 29 août.
Origine : du latin "Sabina". *Signification :* Sabine, qui est du peuple des Sabins (ancienne région de l'Italie centrale). Sainte Sabine a subi le martyre au début du IIe siècle. *Dérivés :* Sabina, Sabrina.
Sabrina : se fête le 29 août. (Voir : Sabine.)
Sacha : se fête le 30 août. (Voir : Alexandre.)
Le chanteur Sacha Distel. L'auteur français Sacha Guitry.
Salabert : *Origine :* du germain "sala-berth". *Signification :* salle illustre.
Saladin : *Origine :* sultans d'Egypte et de Syrie au XIIe siècle.
Sally : se fête le 9 octobre. (Voir : Sarah.)
Salomé : se fête le 22 octobre.
Origine : de l'hébreu "schalom". *Signification :* pacifique.
Salomé fut une sainte femme de l'Evangile, mère des apôtres Jacques et Jean. *Dérivé :* Salomon.

Salomon : se fête le 25 juin. (Voir : Salomé.)
Salomon, roi d'Israël entre les ans 972 et 932 avant Jésus-Christ, était d'une sagesse légendaire.
Salvador : se fête le 18 mars.
Salvatore : se fête le 18 mars.
Saint Salvatore, d'origine espagnole, vécut au XVIe siècle.
Samuel : se fête le 20 août.
Sandie : se fête le 2 avril. (Voir : Sandrine.)
Sandra : se fête le 2 avril. (Voir : Alexandre.)
Sandrine : se fête le 2 avril. (Voir : Alexandre.)
Sandy : se fête le 2 avril. (Voir : Sandrine.)
Sapho ou Sappho : *Origine :* du grec "Sapphô", poétesse grecque qui vécut sur l'île de Lesbos environ six siècles avant notre ère.
Sarah ou Sara : se fête le 9 octobre.
Origine : de l'hébreu "Sarah". *Signification :* princesse.
Selon la Bible, Sarah fut l'épouse d'Abraham. Une actrice française de renom : Sarah Bernhardt. *Dérivé :* Sally.
Saturnin : *Origine :* du latin "saturnus". *Signification :* qui appartient à Saturne, dieu des semailles et de la culture de la vigne (mythologie romaine). Saint Saturnin fut martyrisé en l'an 304.
Saül : *Origine :* nom juif de saint Paul.
Scholastique : se fête le 10 février.
Origine : du latin "schola". *Signification :* loisir, leçon.
Sainte Scholastique, jumelle de saint Benoît, mourut en 543.
Scipion : *Origine :* du latin "scipio".
Surnom d'une famille de la Rome Antique. Scipion l'Africain lutta contre les Carthaginois.
Sébastien : se fête le 20 janvier.
Origine : du grec "sebastos". *Signification :* honoré.
Saint Sébastien, patron des sergents de ville, vécut au IIIe siècle. D'autres saints ont porté ce nom. *Dérivés :* Bastien, Bastienne, Sébastienne.
Sébastienne : se fête le 20 janvier. (Voir: Sébastien.)
Ségolène : se fête le 24 juillet.
Sainte Ségolène était abbesse. Ses reliques sont conservées dans la cathédrale d'Albi.
Sélim : du nom de plusieurs sultans ottomans du XVe au XIXe siècle.
Séraphin : se fête le 12 octobre.
Origine : de l'hébreu. *Signification :* brûler, briller comme le feu. Saint Séraphin vécut en Italie, au XVIIe siècle. *Dérivé :* Séraphine.
Séraphine : se fête le 12 octobre. (Voir : Séraphin.)
Serge : se fête le 7 octobre.
Origine : soit du russe (saint Serge, patron de la Russie), soit du français "serge" (la toile).

Saint Serge Ier fut pape de 687 à 701. Un autre saint Serge (fêté le 7 octobre) subit le martyre en Syrie, au IIIe siècle. *Pierre et le Loup* a été composé par Serge Prokofiev en 1936. *Dérivé :* Sergine.
Sergine : se fête le 7 octobre. (Voir : Serge.)
Sernin : se fête le 29 novembre. (Voir : Saturnin.)
Saint Sernin fut le premier évêque de Toulouse.
Servais : se fête le 13 mai.
Origine : du latin "servatus". *Signification :* préservé.
Saint Servais, évêque de Tongres, a son tombeau à Maastricht.
Servan : se fête le 1er juillet.
Saint Servan fut apôtre en Ecosse au VIIIe siècle. *Dérivé :* Servane.
Servane : se fête le 1er juillet. (Voir : Servan.)
Sévère : se fête le 27 novembre.
Origine : du latin "severus". *Signification :* grave, austère.
Plusieurs empereurs romains ont porté ce nom. *Dérivés :* Séverin, Séverine.
Séverin : se fête le 27 novembre. (Voir : Sévère.)
Saint Séverin vécut au Ve siècle.
Séverine : se fête le 27 novembre. (Voir : Sévère.)
Sheila : se fête le 22 novembre. (Voir : Cécile.)
Une chanteuse française a popularisé le prénom au XXe siècle.
Sibille ou Sybille : se fête le 9 octobre.
Origine : du grec "sibulla". *Signification :* celle qui fait connaître l'oracle. Sainte Sibille vécut au XIIIe siècle.
Sidoine : se fête le 14 novembre.
Origine : du latin "Sidonius". *Signification :* qui est de Sidon. Saint Sidoine, né en Irlande, a vécu au VIIe siècle. *Dérivé :* Sidonie.
Sidonie : se fête le 14 novembre. (Voir : Sidoine.)
Siegfried : se fête le 22 août.
Origine : du germain "sig-fried". *Signification :* victoire pacifique. Wagner a chanté ce héros de la mythologie germanique.
Saint Siegfried, moine érudit, vécut au VIIe siècle.
Sigmund : se fête le 28 octobre. (Voir : Simon.)
Sigmund Freud, psychiatre autrichien, est le fondateur de la psychanalyse. Il est mort en 1939.
Silvère ou Sylvère : se fête le 20 juin. (Voir : Sylvain.)
Saint Sylvère fut pape. Son martyre eut lieu en 538.
Silvestre ou Sylvestre : se fête le 31 décembre. (Voir : Sylvain.) Saint Sylvestre fut le 33e pape. Il vécut au IVe siècle.
Siméon : se fête le 18 février. (Voir : Simon.)
Saint Siméon, évêque de Jérusalem, fut crucifié en l'an 106.
Simon : se fête le 28 octobre.
Origine : de l'hébreu "shimmon". *Signification :* qui est exaucé.
Saint Simon était l'un des douze apôtres du Christ. Au XVIIIe siècle, le duc de

Saint-Simon fut un mémorialiste français. *Dérivés :* Siméon, Sigmund, Simone.
Simone : se fête le 28 octobre. (Voir : Simon.)
Deux Simone connues : l'écrivain Simone de Beauvoir et l'actrice Simone Signoret, l'épouse d'Yves Montand.
Sissi : se fête le 4 juillet et le 17 novembre. (Voir : Elisabeth.) Ce fut le surnom de l'Impératrice d'Autriche, épouse de François-Joseph Ier.
Sixte : nom porté par plusieurs papes.
Sofia ou Sophia : se fête le 25 mai.
Origine : du grec "sophia". *Signification :* Sagesse.
Sainte Sophia a été martyrisée avec ses trois filles : sainte Nadège, sainte Véra et sainte Liubbe.
Solange : se fête le 10 mai.
Origine : du latin "solemnis". *Signification :* solennel.
Sainte Solange, patronne du Berry, vécut au IXe siècle.
Soledad : se fête le 11 octobre.
Origine : du latin "desolata". *Signification :* désolée.
Sainte Soledad vécut au XIXe siècle. Elle mourut à Madrid.
Solenne : se fête le 17 octobre.
Sainte Solenne fut exécutée à Chartres, au IIIe siècle. *Dérivé :* Soline.
Soline : se fête le 17 octobre. (Voir : Solenne.)
Sonia : se fête le 18 septembre. (Voir : Sofia.)
C'est la forme slave de Sophia.
Sophie : se fête le 25 mai. (Voir : Sophia.)
Sainte Sophie a fondé les sœurs du Sacré-Cœur, en 1800.
Stan : se fête le 11 avril. (Voir : Stanislas.)
Stanislas : se fête le 11 avril.
Origine : du polonais "stan-lav". *Signification :* gloire de l'Etat.
Saint Stanislas, patron de la Pologne, vécut au IXe siècle.
Dérivés : Stan, Stanley.
Stanley : se fête le 11 avril. (Voir : Stanislas.)
L'explorateur anglais Stanley s'appelait Henry Morton. Il explora notamment le Congo, au nom de Léopold II, roi des Belges.
Stella : se fête le 11 mai. (Voir : Estelle.)
Stéphane : se fête le 26 décembre. (Voir : Etienne.)
Un grand poète symboliste français : Stéphane Mallarmé.
Stéphanie : se fête le 26 décembre. (Voir : Etienne.)
Sainte Stéphanie mourut en Italie en l'an 1530.
Stephen : se fête le 26 décembre. (Voir : Etienne.)
Steve : se fête le 26 décembre. (Voir : Etienne.)
Sulpice : se fête le 29 janvier.
Saint Sulpice, évêque de Bourges, vécut au VIe siècle.
Suzanna : se fête le 11 août. (Voir : Suzanne.)
Suzanne : se fête le 11 août.

Origine : de l'hébreu. *Signification :* blanche comme le Lys.
Sainte Suzanne, martyre romaine, vécut au IIIe siècle. *Dérivés :* Suzanna, Suzel, Suzette, Suzon, Suzy.
Suzel, Suzette, Suzon, Suzy : se fêtent le 11 août. (Voir : Suzanne.)
Svetlana : se fête le 20 mars.
Sylva : se fête le 4 mai. (Voir : Sylvain.)
Sylvain : se fête le 4 mai.
Origine : du latin "silvanus". *Signification :* homme des forêts.
Saint Sylvain, décapité en 311, fut évêque de Gaza. *Dérivés :* Sylvaine, Sylvette, Sylviane, Sylvie.
Sylvaine : se fête le 4 mai. (Voir : Sylvain.)
Sylvestre : se fête le 31 décembre.
Sylvette : se fête le 5 novembre. (Voir : Sylvain.)
Sylviane : se fête le 5 novembre. (Voir : Sylvain.)
Sylvie : se fête le 5 novembre. (Voir : Sylvain.)
Sainte Sylvie vécut au VIe siècle.
Symphorien : se fête le 22 août.
Origine : du grec "sumphoros". *Signification :* utile, avantageux.
Saint Symphorien vécut au IIIe siècle.

T

Tamara : se fête le 1er mai.
Sainte Tamara fut reine de Géorgie au XIIe siècle. Elle y est vénérée avec autant de respect que la Vierge.
Tancrède : *Origine :* du germain "thanc-rad". *Signification :* fécond en ressources. Tancrède était prince normand de Sicile. Il participa à la 1ère croisade. Dans *Jérusalem délivrée*, œuvre du Tasse, Tancrède (qui mourut en 1112) est présenté comme le chevalier modèle.
Tanguy : se fête le 19 novembre.
Origine : du celtique "tan" et "guy". *Signification :* chien de feu.
Saint Tanguy fonda un monastère, au IXe siècle, en France, dans le Finistère.
Tania : se fête le 12 janvier. (Voir : Tatania.)
Tatiana : se fête le 12 janvier.
Origine : du latin "Tatius". *Signification :* il s'agit du nom de Tatius prénommé Titus, roi légendaire des Sabins, ancien peuple de l'Italie centrale.
Sainte Tatiana, martyre de Rome, est fêtée chez les Latins, les Grecs et les Slaves. *Dérivés :* Tatienne, Tania.
Tatienne : se fête le 12 janvier. (Voir : Tatiana.)
Ted : se fête le 5 janvier. (Voir : Edouard.)
Teddy : se fête le 5 janvier. (Voir : Edouard.)

Térésa : se fête le 15 octobre. (Voir : Thérèse.)
Thadée : se fête le 28 octobre. (Voir : Teddy.)
Thaïs : se fête le 8 octobre.
Origine : du grec "thaïs". *Signification :* l'admirative.
Sainte Thaïs fut d'abord une courtisane d'Egypte au IVe siècle. En 1890, Anatole France en fit l'héroïne d'un roman qui porte son nom. Quatre ans plus tard, Massenet tirera un opéra de ce roman. Une autre Thaïs, quatre siècles avant Jésus-Christ, fut l'une des maîtresses d'Alexandre le Grand, puis celle de Ptolémée.
Thècle : se fête le 24 septembre.
Sainte Thècle, vierge martyre, délivrée miraculeusement des flammes et des animaux féroces, fut libérée grâce à la foule venue la voir mourir. Elle vivra finalement jusqu'à 90 ans.
Théo : se fête le 9 novembre. (Voir : Théodore.)
Théobald : se fête le 8 juillet. (Voir : Thibaut.)
Théodora : se fête le 9 novembre. (Voir : Théodore.)
Théodore : se fête le 9 novembre.
Origine : du grec "theodoros". *Signification :* don de Dieu.
Saint Théodore fut martyrisé en Turquie au début du IVe siècle. *Dérivés :* Daria, Dora, Doria, Dorian, Théo, Théodora, Théodorine.
Théodorine : se fête le 9 novembre. (Voir : Théodore.)
Théophane : se fête le 2 février.
Saint Théophane fut missionnaire au Tonkin au XIXe siècle.
Théophile : se fête le 13 octobre.
Origine : du grec "théos" et "philein". *Signification :* aimer Dieu. Saint Théophile fut évêque d'Antioche, au IIe siècle. Un poète français du XIXe siècle : Théophile Gauthier.
Théophraste : *Origine :* du grec "theos-phrazein".
Signification : parler comme Dieu. Le philosophe grec Théophraste mourut en l'an 287 avant Jésus-Christ.
Le prix Théophraste Renaudot, fondé en 1925, porte le nom du médecin et journaliste français qui créa, en 1631, *La Gazette de France.*
Thérésa : se fête le 15 octobre. (Voir : Thérèse.)
Thérèse : se fête le 15 octobre.
Origine : du grec "Tarasia". *Origine :* habitante de Tarente.
Sainte Thérèse d'Avila vécut en mystique au Carmel. Elle mourut en 1582. Deux Thérèse sont célèbres dans la littérature française en tant qu'héroïnes de roman: *Thérèse Desqueyroux* de François Mauriac et son aînée, *Thérèse Raquin* d'Emile Zola. *Dérivé :* Thérésa.
Thibaud ou Thibaut ou Thibault : se fête le 8 juillet.
Origine : du germain "theud" et "bald". *Signification :* peuple hardi.
Saint Thibaud, originaire des Yvelines, mourut en 1247.
Les Thibault est une œuvre du romancier français Roger Martin du Gard écrite entre 1922 et 1940. Cette série compte 9 volumes. *Dérivés :* Théobald, Thiebaud.

Thiébaud : se fête le 8 juillet. (Voir : Thibaud.)
Thierry : se fête le 1er juillet.
Origine : du germain "theud" et "rik". *Signification :* peuple-roi.
Saint Thierry, fils d'un brigand, se fit ermite pour échapper à son père qui voulait le marier. Il mourut en 533.
Dérivés : Dietrich, Dirk.
Thomas : se fête le 3 juillet.
Origine : de l'hébreu. *Signification :* jumeau.
Saint Thomas fut l'un des douze apôtres du Christ, le plus incrédule. L'inventeur du phonographe, Thomas Edison, vécut de 1847 à 1931.
Till : *Origine :* héros de légende, Till l'Espiègle.
Timothée : se fête le 24 janvier.
Origine : du grec "time-theos". *Signification :* qui honore Dieu.
Saint Timothée, évêque d'Ephèse, fut le fidèle compagnon de saint Paul. Il mourut en l'an 97.
Dérivé : Timothy.
Timothy : se fête le 24 janvier. (Voir : Timothée.)
Tina : se fête le 14 février. (Voir : Constantin.)
Tino : se fête le 14 février. (Voir : Constantin.)
Un chanteur corse célèbre dans le monde : Tino Rossi.
Tiphaine : se fête le 6 janvier, jour de l'Epiphanie.
Tite : se fête le 6 février.
Saint Tite, autre disciple de saint Paul, a été évêque de Crète. Il mourut en l'an 101. Un historien romain : Tite-Live.
Titine : (Voir : Christine, Catherine.)
Tobias : (Voir : Tobie.)
Tobie : *Origine :* de l'hébreu "Tobias", personnage de la Bible.
Signification : bon maître.
Dérivé : Tobias.
Toinet : se fête le 28 février. (Voir : Antoine.)
Toinette : se fête le 28 février. (Voir : Antoine.)
Toinon : se fête le 28 février. (Voir : Antoine.)
Tom : prénom anglais.
Tony : se fête le 28 février. (Voir : Antoine.)
Toussaint : se fête le 1er novembre.
Origine : de la fête du même nom. *Signification :* fête de tous les saints.
Tribert : *Origine :* du germain "triw-berth". *Signification :* trêve célèbre.
Tristan : *Origine :* nom médiéval. Ce prénom fut popularisé par le succès de la légende de *Tristan et Iseult*.
Tristan Bernard, l'auteur dramatique et romancier français, se prénommait en réalité Paul. Il mourut à Paris en 1947.
Trond : se fête le 23 novembre.
Saint Trond a donné son nom à une ville belge.

Tryphon : se fête le 10 novembre.
Saint Tryphon subit le martyre en l'an 250.
Tudal : se fête le 1er décembre.
Saint Tudal vécut au VIe siècle et fut évêque de Tréguier (dans les Côtes-du-Nord).
Tudi : se fête le 9 mai.
Saint Tudi est célèbre dans le Finistère. La fête de Saint-Tudi est renommée à Quimper.

U

Ubald : se fête le 16 mai.
Saint Ubald, mort en 1160, était évêque et le confesseur de la ville italienne de Gubbio.
Ulrich : se fête le 10 juillet.
Origine : germanique. Un poète courtois allemand, Ulrich von Lichtenstein, vécut au XIIIe siècle. Un autre, Ulrich von Zatzikhoven (XIIe siècle) est l'auteur de *Lanzelot*, adaptation de *Lancelot ou le Chevalier à la charrette*, de Chrétien de Troyes.
Ulysse : *Origine :* du grec "Odusseus". *Signification :* celui qui s'irrite. Ulysse, héros grec, a été immortalisé par le poète mythique Homère. C'est sans doute le premier personnage romanesque. Ses aventures, racontées dans *l'Iliade* et *l'Odyssée*, ont donné naissance, au XXe siècle, à des films gigantesques. Ulysse participa à la guerre de Troie et dut triompher des mille et une épreuves qu'il rencontra au cours de son long voyage de retour vers Pénélope, son épouse.
Urbain : se fête le 19 décembre.
Origine : du latin "urbanus". *Signification :* citadin, de la ville. De nombreux saints et bienheureux ont porté ce nom. Citons Urbain II, le 157e pape, qui vécut au XIe siècle. Urbain VIII, quant à lui, fut le 233e pape. Il était l'ami de Galilée, ce qui n'empêcha pas l'astronome italien d'être condamné par le tribunal de l'Inquisition.
Uriel : se fête le 1er octobre. (Voir : Urielle.)
Urielle : se fête le 1er octobre.
Origine : celtique. *Signification :* ange. Sainte Urielle vécut au VIIe siècle. En Bretagne (près de Dinan), une église lui est consacrée.
Ursmar : se fête le 19 avril.
Ursmer : se fête le 19 avril.
Ursula : se fête le 21 octobre. (Voir : Ursule.)
Une actrice célèbre : Ursula Andress.
Ursule : se fête le 21 octobre.
Origine : du latin "ursus". *Signification :* ours.

Sainte Ursule, fillette de huit ans, fut martyrisée au IIIe siècle, à Cologne. La cathédrale de cette ville est dédiée à Sainte Ursule.

V

Vaast : se fête le 6 février.
Saint Vaast, natif d'Aquitaine, donna à Clovis, roi des Francs, les premières instructions précédant son célèbre baptême.
Valentin : se fête le 14 février.
Origine : du latin "valens". *Signification :* valide, vaillant, qui est plein de force. Saint Valentin, prêtre romain, fut martyrisé au IIIe siècle. Depuis le Moyen Age, saint Valentin est le patron des amoureux. Le 100e pape portait ce nom. Il vécut au IXe siècle. Son pontificat fut bref : quarante jours. *Dérivés :* Valentine, Valère, Valérie, Valérien, Valérienne, Valéry.
Valentine : se fête le 25 juillet. (Voir : Valentin.)
Sainte Valentine fut brûlée vive au début du IVe siècle.
Valère : se fête le 14 juin. (Voir : Valentin.)
Origine : du latin "valere". *Signification :* être courageux.
Sainte Valère fut martyrisée au IIIe siècle.
Valérie : se fête le 28 avril. (Voir : Valentin.)
Sainte Valérie et son époux saint Vital ont été martyrisés au IIe siècle.
Valérien : (Voir : Valentin.)
Valérien fut empereur romain de 253 à 260. Le mont Valérien, lieu de culte dès l'époque gauloise, est aujourd'hui connu comme mémorial national de la Résistance, érigé en 1960, en souvenir des 4 500 Français fusillés là de 1941 à 1944.
Valérienne : (Voir : Valentin.)
Valéry : se fête le 1er avril. (Voir : Valentin.)
Saint Valéry, natif d'Auvergne, mourut en 619.
Valmy : nom donné d'après une commune de la Marne où, en 1792, les Français remportèrent une bataille contre l'armée prussienne.
Vanessa : se fête le 4 février. (Voir : Véronique.)
Vanila : se fête le 30 mai. (Voir : Jeanne.)
Vanina : se fête le 30 mai. (Voir : Jeanne.)
Vassili : se fête le 2 janvier. (Voir : Basile.)
Plusieurs Vassili furent des grands-princes de Moscou.
Vassili III, père d'Ivan IV le Terrible, mourut en 1533.
Venceslas : se fête le 28 septembre.
Saint Venceslas, duc de Bohême, était le petit-fils de sainte Ludmilla. Son frère l'assassina en 929.
Véra : se fête le 18 septembre.
Origine : du slave "viera". *Signification :* foi.

Sainte Véra aurait subi le martyre en compagnie de Sainte Nadège (qui signifie "espérance") et de sainte Liubbe (qui signifie "charité"). Les trois soeurs avaient pour mère Sophie (qui signifie "sagesse"). Ces trois saintes symbolisent donc les vertus théologales.

Véran : se fête le 11 novembre.

Saint Véran, évêque de Vence au Ve siècle, fut éduqué dans un monastère où ses parents, ayant renoncé à la vie conjugale, s'étaient faits religieux.

Dérivé : Vérane.

Véronique : se fête le 4 février.

Origine : du grec "pherein" et "nikê". *Signification :* porter la victoire.

Dans la religion grecque, Nikê est un surnom d'Athéna. Bérénice est, à l'origine, un prénom macédonien, et la majorité des filles des princes de Macédoine portaient ce nom. Dans les *Actes de Pilate*, c'est une femme que Jésus avait guérie et qui viendra témoigner à son procès. Selon la tradition, sainte Véronique aurait essuyé le visage de Jésus sur le Chemin de Croix et le linge aurait gardé l'empreinte du visage divin : cela aurait donné une étymologie fantaisiste ("vera", vraie et "icône", image). Une autre Bérénice fut répudiée par Titus, et cette histoire a inspiré Racine *(Bérénice)*, Corneille *(Tite et Bérénice)*.

Dérivés : Bérénice, Véronika, Bernie, Verona, Vanessa.

Victoire : se fête le 15 novembre.

Origine : du latin "victoria". *Signification :* victorieux.

Parmi les vingt martyres vénérées au cours des premiers siècles en Algérie, figurait sainte Victoire.

Victor : se fête le 21 juillet.

Origine : du latin "victor". *Signification :* vainqueur, victorieux.

Saint Victor, officier romain, fut précipité à la mer. Rejeté sur le rivage, il y fut enseveli. Un monastère a été érigé au IVe siècle, à cet endroit, près de Marseille. Ce nom utilisé à Rome eut longtemps un sens mystique (victoire du Christ). Il a été remis à la mode lors de la Révolution française. Un des plus grands poètes de tous les temps : Victor Hugo. En Angleterre, il a été porté par la reine Victoria qui a donné son nom au lac Victoria en Afrique ainsi qu'aux chutes Victoria au Zimbabwe.

Dérivés : Victoria, Victoire, Victorin, Victorine, Vicky.

Victoria : se fête le 15 novembre.

Origine : du latin "victoria". *Signification :* victoire.

Sainte Victoria est une martyre de Cordoue du début du Ve siècle.

Victorien : se fête le 23 mars. (Voir : Victor.)

Victorin : se fête le 15 mai. (Voir Victor.)

Victorine : se fête le 15 mai. (Voir : Victor.)

Vincent : se fête le 22 janvier ou le 14 juillet.

Origine : du latin "vincens". *Signification :* qui remporte la victoire.

Saint Vincent est l'un des martyrs les plus populaires en Occident. Il mourra sous les tortures du gouverneur de Valence en Espagne. L'Eglise de Saint-Germain-

des-Prés à Paris lui fut d'abord dédiée. Il est le patron des vignerons. Saint Vincent de Paul naît près de Dax, puis il étudie à Toulouse, Rome et Paris. Il est précepteur, puis fonde avec Louise de Marillac les Dames de la Charité. Il devient aumônier général des galères et se met une fois de plus au service des malheureux. Il fonde ensuite les Prêtres de la Mission (Lazaristes), et sa congrégation des Dames de la Charité devient les Filles de la Charité (Sœurs de saint Vincent de Paul). Type caractérologique : ce sont des passionnés, qui sont à la fois émotifs et actifs. Ils sont sérieux, ont une grande confiance en eux : ils sont très efficaces, mais sous leurs réactions, il y a parfois des arrière-pensées un peu inquiétantes. Ils ne se réalisent pleinement que dans l'action : ce sont des meneurs d'hommes, et sont assez intelligents. Ils ne sont pas toujours très sociables, il faut les aider à s'ouvrir.
Dérivés : Vinciane, Vincente, Vince.
Vinciane : se fête le 11 septembre. (Voir : Vincent.)
Sainte Vinciane, qui vécut au VIIe siècle, est vénérée à Gand. Son corps repose à l'église Saint-Bavon.
Vindicien : se fête le 11 mars.
Saint Vindicien, qui fut évêque de Cambrai, mourut à Bruxelles au début du VIIIe siècle.
Violaine : se fête le 25 mars. (Voir : Violette.)
Violette : se fête le 5 octobre.
Origine : de l'ancien français "viole". *Signification :* fleur de la violette ou joueur de viole. *Dérivé :* Violaine.
Virgile : se fête le 10 octobre.
Saint Virgile, évêque d'Arles, sera vicaire du pape pour la Gaule. Il mourut en 618. Le poète latin Virgile est notamment l'auteur de *l'Enéide*. Cette œuvre restera inachevée. Le poète est mort 19 ans avant la naissance de Jésus-Christ.
Virginia : se fête le 7 janvier. (Voir : Virginie.)
Virginia était le surnom de la reine Elisabeth Ière, d'où le nom Virginie donné à un état des Etats-Unis.
Virginie : se fête le 7 janvier.
Origine : du latin "virgo". *Signification :* vierge. Sainte Virginie est peu connue. On dit qu'elle fut une bergère vivant dans le Poitou. *Dérivés :* Virgina, Virginia.
Viridiana : se fête le 1er février.
Sainte Viridiana vécut en recluse durant 34 années. Elle naquit aux environs de Florence à la fin du XIIe siècle.
Vital : se fête le 28 avril.
Saint Vital fut martyrisé en l'an 304, à Lyon, avec sainte Blandine.
Vitalis : se fête le 28 avril. (Voir : Vital.)
Vite : se fête le 15 juin.
Saint Vite fut baptisé grâce à son précepteur et à sa nourrice.
Vivette : se fête le 2 décembre. (Voir : Viviane.)
Vivian : se fête le 10 mars. (Voir : Viviane.)
Viviane : se fête le 2 décembre.

Origine : du latin “vividus”. *Signification :* vivant.
Sainte Viviane fut fouettée à mort à Rome au IIIe ou IVe siècle. Dans la mythologie armoricaine, la fée Viviane, qui devait son pouvoir à Merlin l'Enchanteur, révéla les règles de la chevalerie à Lancelot.
Deux actrices prénommées Viviane sont connues : Viviane Romance et Viviane Leigh. *Dérivés :* Vivette, Vivian, Vivien, Vivienne.
Vivien : se fête le 10 mars. (Voir : Viviane.)
Saint Vivien et 39 autres légionnaires romains furent attachés nus sur un lac gelé de Turquie. Ils y moururent de froid en 320.
Vladimir : se fête le 15 juillet.
Origine : du germain “wald” et “maro”. *Signification :* gouvernant illustre. Saint Vladimir, dit le Grand, vécut au XIe siècle. Vladimir I et Vladimir II furent tous deux grands-princes de Kiev. Une ville de l'ancienne U.R.S.S. s'appelle Vladimir.
Dérivé : Wladimir.

W

Walburge : se fête le 1er mai.
Sainte Walburge vécut au VIIe siècle. Cette religieuse bénédictine était anglaise. Elle fut appelée en Allemagne par saint Boniface et elle devint abbesse. L'huile de sainte Walburge est un liquide prétendument miraculeux qui aurait pu sortir du tombeau de la sainte situé dans l'église de Eichstadt.
Walhère : se fête le 23 juin.
Saint Walhère, curé devenu doyen, était originaire des environs de Namur. Un prêtre de Hastière avec lequel il traversait la Meuse en canot le tua d'un coup d'aviron.
Walter : se fête le 9 avril. (Voir : Gauthier.)
Origine : Walter est la forme germanique et anglo-saxonne de Gauthier. Bruno Walter, grand chef d'orchestre allemand, mourut en 1962, en Californie. Grand spécialiste de Mozart, il fuit le nazisme en 1938 et se fit naturaliser Américain. Walter Scott, poète et romancier écossais écrivit son *Ivanhoé* en 1819.
Wanda : *Origine :* du slave. C'est le prénom d'une héroïne des anciennes légendes polonaises. Sa signification est inconnue.
Waudru : se fête le 9 avril.
Sainte Waudru est née dans le Hainaut. Elle persuada son mari, saint Vincent, d'accepter une séparation. Ils se retirèrent dans un cloître. Sainte Waudru, qui mourut en 686, est la patronne de la ville et de la cathédrale de Mons, chef-lieu du Hainaut belge.
Wenceslas : se fête le 28 septembre.
Origine : du slave “vienetz” et “slava”. *Signification :* couronne de gloire. Saint Wenceslas vécut au Xe siècle. Il fut assassiné par son frère. Ce patron de la

Bohême est vénéré en Tchécoslovaquie. Trois rois et un empereur germaniques ont porté ce nom aux XIIIe et XIVe siècles.
Werner : se fête le 19 avril.
Origine : du latin "vernus". *Signification :* printanier. Le bienheureux Werner était vigneron dans la vallée du Rhin. Il fut assassiné à la fin du XIIIe siècle. Werner von Braun, ingénieur allemand naturalisé américain, né en 1912, est le pionnier des envois de fusées dans l'atmosphère. Il a notamment conçu Jupiter-C, la fusée à trois étages qui permit de réussir le lancement du premier satellite américain.
Werther : *Origine :* de l'allemand "wert". *Signification :* qui est de haute valeur. L'écrivain allemand Goethe, influencé par *La Nouvelle Héloïse* de Jean-Jacques Rousseau, écrivit à son tour un roman épistolaire intitulé *Les Souffrances du jeune Werther*. Ce prénom fut ainsi popularisé par le succès de l'œuvre.
Wilfrid ou Wilfried : se fête le 12 octobre.
Origine : de l'anglo-saxon "will-fried". *Signification :* qui veut la paix. Saint Wilfrid vécut au VIIe siècle. Il était bénédictin anglais.
William : se fête le 10 janvier. (voir : Guillaume.)
C'est la forme anglo-saxonne de Guillaume. Le plus célèbre William d'Angleterre est Shakespeare, même si en 1982, un petit prince William est né à la Cour, fils de Charles et de Diana.
Willy : se fête le 10 janvier. (Voir : William.)
C'est le diminutif de William.
L'écrivain Willy, que la romancière Colette épousa en 1893, s'appelait en réalité Henry Gauthier-Villars. Les premiers livres de Colette furent publiés sous le nom de Willy.
Winnoc : se fête le 6 novembre.
Wivine : se fête le 17 décembre.
Wladimir : se fête le 15 juillet. (Voir : Vladimir.)
Wolfang : se fête le 31 octobre.
Origine : du germain "wulf" et "angil". *Signification :* loup à la lance. Saint Wolfang, moine promu évêque, vécut au Xe siècle. Mozart et Goethe ont tous deux reçu ce prénom.
Wulfran : se fête le 20 mars.

X

Xavier : se fête le 3 décembre.
Origine : du basque "etchaberri". *Signification :* maison neuve.
C'est le patronyme de saint François Xavier, né au début du XVIe siècle au château de Xavier, en Navarre. Ce Jésuite, apôtre des Indes, mourut finalement en Chine en 1552. Il est le patron des missionnaires. *Dérivés :* Xavière, Xaviéra.
Xaviéra : se fête le 22 décembre. (Voir : Xavier.)

Y

Yann : se fête le 24 juin ou le 27 décembre. (Voir : Jean.)
Yannick : se fête le 24 juin ou le 27 décembre. (Voir : Jean.)
Yoann : se fête le 24 juin ou le 27 décembre. (Voir : Jean.)
Yolande : se fête le 11 juin.
Origine : du latin "viola". *Signification :* violette.
Sainte Yolande, après avoir eu trois filles de Boleslas le Pieux, devint abbesse et mourut en 1299.
Youri : se fête le 23 avril. (Voir : Georges.)
Youri Gagarine fut le premier homme à effectuer un vol dans l'espace. L'exploit de ce cosmonaute soviétique eut lieu le 12 avril 1961.
Yvain : se fête le 27 décembre. (Voir : Jean.)
Yvan : se fête le 27 décembre. (Voir : Jean.)
Yves : se fête le 19 mai.
Origine : du germanique "iv". *Signification :* if.
L'if était un arbre vénéré chez les anciens Germains. Ce prénom fut très employé dans l'ouest et le nord-ouest de la France. Saint Yves de Kermartin est né dans les Côtes-du-Nord au XIIIe siècle, et est devenu juge ecclésiastique à Rennes. Il est le patron des avocats, des notaires, des huissiers. Son tombeau était devenu un lieu de pèlerinage très fréquenté, ce qui explique le succès de ce nom en Bretagne.
Ce prénom a été illustré par le roman de Chrétien de Troyes, *Yvain ou le Chevalier au Lyon*, et porté par des chanteurs comme Yves Montand, des personnages historiques comme Yvonne de Gaulle.
Type caractérologique : ils sont assez émotifs, colériques, extrêmement actifs, et leur volonté est inébranlable ! Ce sont d'excellents techniciens : ils préfèrent toujours les métiers actifs. Leur intelligence est profonde, ils sont scrupuleux, ont une grande vitalité. Ils sont un peu versatiles en ce qui concerne la sociabilité, mais ils veillent sur ceux qu'ils ont choisis.
Dérivés : Yvonne, Yvette, Yvon, Yveline, Yvo, Erwan.
Yvette : se fête le 13 janvier. (Voir : Yves.)
Yvon : se fête le 19 mai. (Voir : Yves.)
Yvonne : se fête le 19 mai. (Voir : Yves.)

Z

Zacharie : se fête le 5 novembre.
Origine : de l'hébreu; un des douze prophètes de la Bible. *Signification :* mémoire de Jéhovah.

Selon l'Evangile de saint Luc, Zacharie était un prêtre juif, époux d'Elisabeth, cousine de la vierge Marie et le père de saint Jean-Baptiste. Cette naissance apparut miraculeuse vu le grand âge de Zacharie lors de la conception, et la stérilité reconnue d'Elisabeth. Un homonyme : saint Zacharie, fut le 91e pape. Ce grec de Calabre mourut en 752 après avoir, un an plus tôt, accordé la royauté à Pépin le Bref (il se fête le 22 mars).

Zélia : se fête le 17 octobre. (Voir : Zélie.)

Zélie : se fête le 17 octobre.

Origine : du grec "zêlos". *Signification :* envie. *Dérivé :* Zélia.

Zénobie : se fête le 30 octobre.

Origine : reine de Palmyre, oasis du désert de Syrie. Elle vécut au IIIe siècle.

Zénon : se fête le 12 avril.

Zénon était un empereur d'Orient du Ve siècle.

Zéphyr : se fête le 20 novembre.

Origine : du grec "zephuros". *Signification :* dans la légende grecque, le vent d'ouest a été personnifié sous ce nom. Depuis lors, le zéphyr, vent léger et doux, est devenu un nom commun qu'on retrouve dans un vers célèbre du fabuliste Jean de La Fontaine : «Tout vous est aquilon, tout me semble zéphyr».

Dérivés : Zéphyrin, Zéphyrine.

Zéphyrin : se fête le 26 août. (Voir : Zéphyr.)

Saint Zéphyrin fut le 15e pape. Ce romain est mort en 217.

Zéphyrine : se fête le 26 août. (Voir : Zéphyrin.)

Zita : se fête le 27 avril.

Origine : du latin "zeta". *Signification :* chambre à coucher. Sainte Zita est la patronne des servantes.

Zoé : se fête le 2 mai.

Origine : du grec "zoôn". *Signification :* vie, existence.

Sainte Zoé était une esclave qui fut brûlée vive vers 127.